Hermsdorf/Klattenhoff/Kreymann/Salin
Kuba im Wandel

Volker Hermsdorf

Paula Klattenhoff

Lena Kreymann

Tobias Salin

Kuba im Wandel

16 Erfahrungsberichte

herausgegeben von

Volker Hermsdorf
Paula Klattenhoff
Lena Kreymann
Tobias Salin

2017 • Verlag Wiljo Heinen, Berlin und Böklund

Inhalt

Wenn Herr K. einen Menschen liebte
»Was tun Sie«, wurde Herr K. gefragt, »wenn Sie einen Menschen lieben?« – »Ich mache einen Entwurf von ihm«, sagte Herr K., »und sorge, dass er ihm ähnlich wird.« – »Wer? Der Entwurf?« – »Nein«, sagte Herr K., »der Mensch«.
Bertolt Brecht

Vorwort

Alle sprechen über Kuba, denn viele zurückkehrende Tourist*innen haben einiges zu berichten. Sie haben sich schließlich mit zwei Zimmervermieter*innen, drei Taxifahrer*innen, einem »Latin-Lover« und einer Prostituierten unterhalten und wissen jetzt, dass das beste an Kuba die Zigarren, die weißen Strände, die Musik und der Rum sind.

Bürgerliche Medien berichten regelmäßig über eine vermeintliche Diktatur auf Kuba und den – aus ihrer Sicht überfälligen – »Prozess der Öffnung«. Westliche Regierungschefs echauffieren sich über angebliche Menschenrechtsverletzungen und politische Gefangene, die sie nicht in der von den USA besetzten Bucht von Guantánamo, sondern auf dem Rest des Eilandes verorten. Gleichzeitig behaupten dogmatische Theoretiker*innen, dass die kleine Insel sich schon längst vom Sozialismus verabschiedet hätte und meinen, der Kommunistischen Partei Kubas sagen zu müssen, wie das Land richtig zu regieren sei. Sie alle haben eines gemeinsam: *Sie wissen es besser.* Sie glauben, die Insel genauer als die elf Millionen Einwohner*innen zu kennen und sie wollen nicht von den Erfahrungen der Kubaner*innen, sondern Kuba soll von ihnen lernen.

Die sechzehn Autor*innen dieses Buches haben einen anderen Anspruch. Wir wollten ein Buch für Menschen schreiben, die Kuba wirklich kennenlernen und verstehen wollen. Uns allen gemeinsam ist eine tiefe Verbundenheit zu der kleinen sozialistischen

Insel, die kontinuierlich Widerstand leistet in der riesigen kapitalistischen Welt. Die meisten von uns haben mehrere Monate bis Jahre auf Kuba gelebt, studiert oder gearbeitet, alle kennen wir Kuba von Reisen, die sich – abseits vom Tourismus – mit Themen auseinandergesetzt haben, die die Menschen im Land berühren und betreffen. Dennoch maßen wir uns nicht an zu behaupten, das Land besser zu kennen als die kubanische Bevölkerung. Es liegt uns fern zu belehren, verurteilen oder zu verklären – wir meinen, dass wir einen Einblick in das kubanische Leben und die sozialistische Gesellschaft gewähren können. So ist ein Mosaik aus Erfahrungen entstanden, die natürlich subjektiv sind, aber an vielen Stellen durch Zahlen und Fakten untermauert werden und versuchen, das Erlebte in ein gesellschaftliches Gesamtbild einzuordnen. Kuba zeigt uns tagtäglich, dass der Kapitalismus nicht das Ende der Geschichte und eine andere Welt möglich ist. Für diese Erfahrung danken wir all den Menschen, die auf Kuba an dem Aufbau einer gerechteren Gesellschaft ohne Ausbeutung und Krieg arbeiten und mit ihrem Wissen weltweit – solidarisch mit den Ärmsten dieser Erde – im Einsatz sind. Wir erinnern an die kubanischen Ärzt*innen, die in den Ebola-Gebieten ihr Leben riskiert haben; an die kubanischen Lehrer*innen, die hunderttausenden Menschen in Südamerika und Afrika das Lesen und Schreiben beibringen und an die gefallenen Freiheitskämpfer*innen, die revolutionäre Bewegungen weltweit unterstützten. Am 25. November 2016 ist der wohl bedeutendste Revolutionär, Humanist und Staats-Präsident unser Zeit von uns gegangen: Fidel Castro Ruz. Ihm, den die Kubaner*innen stolz ihren Comandante en Jefe nennen, widmen wir dieses Buch.

PAULA KLATTENHOFF

»Wer Urlaub mit Marx und Engels machen will, sollte sich sputen.«

Man könnte meinen, das Zitat stamme aus einem beliebigen Artikel, der seit 2014 über Kuba veröffentlicht worden ist – tatsächlich schrieb das Wochenmagazin *Der Spiegel* diese warnenden Worte bereits 2006[1]: »Jetzt nochmal schnell nach Kuba, bevor alles anders ist«. Einige Kubaner würden sagen, dass diese Stimmung schon seit den neunziger Jahren besteht. Nicht wenige machen sich darüber lustig, weil die Medien immer und immer wieder das Ende des Sozialismus prophezeien und damit ordentlich den Tourismus ankurbeln. So stark wie seit 2014, als Barack Obama und Raúl Castro die Wiederaufnahme der diplomatischen Beziehungen zwischen den USA und Kuba verkündeten, ist der Boom jedoch noch nie gewesen.

Glaubt man den deutschen Massenmedien, wird Kuba bald von US-amerikanischen Touristen überschwemmt. »Hilfe sie kommen!« titelte die *ZEIT* im August 2015.[2] Dahinter steckt die Angst, es würde auch der letzte Fleck der Erde mit McDonalds-, Subway- und Kentucky-Fried-Chicken-Filialen zugepflastert werden und es bliebe nichts mehr übrig von dem authentischen Kuba. Diese Angst ist aber nur die eine Seite.

Auf der anderen stehen selbsternannte Kuba-Experten, die belegen wollen, wie sehr sich Kuba unter dem neuen Einfluss der USA verändert hätte. Sie reden von dem Einzug der Privatwirtschaft, von Reisefreiheit für Kubanerinnen und Kubaner und der Ausbreitung der

Einheitskultur des Kapitalismus. All das bedroht ihr romantisches Bild der Karibikinsel mit den verfallenden Kolonialbauten, alten Autos und guten Zigarren. Einige von ihnen sorgen sich vielleicht wirklich um das Bestehen des Sozialismus, den das Land seit so vielen Jahre verteidigt.

Die Angst vor dem Verlust der Authentizität Kubas ist ebenso berechtigt wie unberechtigt: Der Tourismus nimmt seit Jahren zu. Dem Nationalen Büro für Statistik und Information zufolge bereisten in der ersten Jahreshälfte 2016 11,7 Prozent mehr Menschen die Insel als im gleichen Zeitraum des Vorjahres. Dieser Trend hält seit 2007 an: Seitdem hat sich die Besucherzahl fast verdoppelt.

Wie Land und Leute sich verändern

Natürlich hinterlässt eine solche Entwicklung ihre Spuren: Die Infrastruktur ist ausgelastet, Geschäfte und Restaurants richten sich nach den Bedürfnissen der Touristen und das Ökosystem leidet. Für die Besucher ist das nur dann dramatisch, wenn sie fürchten müssen, keine Unterkunft mehr zu bekommen, ohne Monate im Voraus zu planen. Deutsche Reiseunternehmen raten ihren Kunden inzwischen davon ab, nach Kuba zu reisen, weil das Land nicht mehr in der Lage sei, die gestiegene Nachfrage zu bedienen. Der Ansturm, noch immer konzentriert auf ein paar wenige Städte, zieht durchaus die Authentizität in Mitleidenschaft.

Was es bedeutet, wenn Kubas atemberaubende Schönheit weltberühmt wird, habe ich selbst während meines Aufenthalts dort erlebt: Ich stehe in Trinidad

Entwicklung des Tourismus auf Kuba von 1990-2015

Besucher pro Jahr

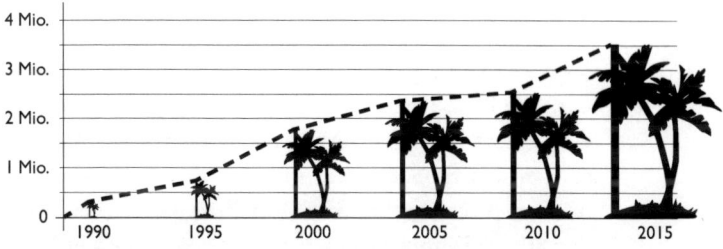

Quelle: Oficina Nacional de Estatística y Información (2016): Turismo internacional. Indicadores seleccionados.

und suche nach einer Pizzeria mit echter kubanischer Pizza. Anfangs fand ich die halbrohen Teiglappen mit verdünnter Tomatensauce und ungewöhnlich stark an Plastik erinnerndem Käse eher abstoßend. Doch inzwischen habe ich sie lieben gelernt und stapfe nun verzweifelt durch die Straßen dieser mir unbekannten Stadt. Ich finde WiFi-Cafés, einen Stand, der italienische Paninis verkauft, und dutzende Restaurants, die nur darauf warten, dass ich mein Geld in Speisen investiere, die ich auch in Deutschland bekommen könnte. Auf der Suche nach einem Ortskundigen, treffe ich nur auf Angestellte von Restaurants, Taxifahrer, Schmuckverkäufer, Betreiber von Souvenirshops und Touristenführer, aber auf niemanden, der so wirkt, als würde er hier wohnen.

Viele Kubaner*innen können sich die Preise in den touristischen Gebieten schon lange nicht mehr leisten. Sie verlassen ihre Viertel aber auch, um ihre Wohnungen als schicke AirBnB-Apartments zu vermieten. Kein Wunder, dass ich keine Stände mit kubanischem

Essen finde, wenn hier kaum noch jemand wohnt, der so etwas konsumieren würde.

Diese Situation hat sich binnen kürzester Zeit noch verschärft. Doch sind es in der Vergangenheit nicht vorrangig die US-Amerikaner gewesen, sondern die Kanadier und Europäer, die sich breitmachten an Kubas Stränden und in der Altstadt von Havanna. Mehr als 777.000 Kanadier und mehr als 500.000 Europäer kamen zwischen Januar und Juni 2016 nach Kuba.[3] Im gleichen Zeitraum waren es weniger als 137.000 US-Amerikaner.

Will man sich darüber informieren, warum aus den Vereinigten Staaten kaum Besucher kommen, liest man immer nur, dass es nicht erlaubt sei. Nur hart-näckige Recherche offenbart, dass dieses Verbot nicht etwa von Kuba ausgeht, sondern von den USA. Es gibt eine Liste von zwölf legalen Reisemotiven – Touris-mus zählt nicht dazu. Nur wer beispielsweise eine Bil-dungsreise oder eine Pilgerfahrt plant, darf sich in eines der Linienflugzeuge setzen, die seit kurzem wie-der zwischen den beiden Staaten verkehren. Solange Washington daran nichts ändert, ist es unwahrschein-lich, dass die US-Amerikaner Kuba zu ihrem neuen Erholungsparadies machen können. Doch warum besteht diese Regelung noch immer, wenn doch Obama und Castro im Dezember 2014 angekündigt hatten, das Verhältnis ihrer beiden Staaten zueinander normalisieren zu wollen?

Um genau zu sein, war es der 17. Dezember, als beide Staatschefs zur gleichen Zeit ihre Reden vor-trugen. Ich war zu diesem Zeitpunkt mit mehr als zehn Professoren meiner Fakultät in einen kleinen Raum vor einen Röhrenfernseher gequetscht und sah mir die Live-Übertragung an. Obwohl ich schon ein paar Monate in Havanna war, verstand ich nicht alles, was gesagt wurde. Aber ich spürte, dass gerade etwas Bedeutendes vor sich ging. Als die Reden ein zweites oder drittes Mal ausgestrahlt wurden, holte irgendjemand eine Flasche Wein. Inmitten einer Schar von Kubanern umklammerte ich einen Plastikbecher, nippte an dem recht bitteren Getränk und versuchte, den aufgeregten Gesprächen zu folgen. Später wurde mir klar, dass ich nicht die einzige war, die nicht so richtig verstand, was vor sich ging. Keiner war sich im ersten Moment sicher, ob das nun gute oder schlechte Nachrichten waren. Alle waren hin- und hergerissen zwischen Freudenausbruch und Angst. Erst als ich die Rede von Obama am Tag darauf nochmal in Ruhe nachlesen konnte, erkannte ich, was die Leiterin des kubanischen Instituts für Völkerfreundschaft (ICAP), Gladys E. Ayllón Oliva, eingängig zusammengefasst hat: »Die USA ändern zwar ihre Methoden, aber doch nicht die Ziele ihrer Politik.«[4] Der Krieg gegen den Aufbau des Sozialismus auf Kuba geht weiter.

Die USA haben erkannt, dass die über 50 Jahre alte Politik der Isolation nicht wirksam war – auch, weil es zu viele andere Länder gab, die sich mit Kuba solidarisiert haben. Doch dafür gleich einen auf beste Freunde machen? Das ginge zu weit. Zugeständnisse gibt es vor allem in den für Washington relevanten ökonomischen Bereichen und dort, wo kleine Veränderungen dazu beitragen können, dass sich das Ansehen der USA verbessert und die oberflächlichen Reize eines kapitalistischen Systems in den Fokus gerückt werden können. So soll die kubanische Bevölkerung Stück für Stück die USA nicht mehr als Unterdrücker, sondern als wohlgesinnten Partner wahrnehmen. Die gemeinsame Geschichte soll vergessen werden, das wünschte sich Obama.

Deshalb wurde Kuba von der Liste der Staaten gestrichen, die den Terrorismus befördern. Erst danach konnten die beiden Länder diplomatische Beziehungen zueinander aufnehmen. In Washington und Havanna wurden Botschaften eröffnet. Die Liste an legalen Reisemotiven für US-Amerikaner wurde erweitert und Kubaner dürfen Bankkonten in den Vereinigten Staaten eröffnen. Theoretisch dürfen mittlerweile auch Transaktionen in US-Dollar gemacht werden, doch kaum eine Bank ist dazu bereit – aus Angst vor Sanktionen. Im Rahmen der Wirtschaftsblockade werden sie regelmäßig von den USA gegen Firmen verhängt, die mit der sozialistischen Insel Geschäftsbeziehungen eingehen.

Sozialismus in kapitalistischer Welt

Am härtesten trifft diese Blockade jedoch die dortige Bevölkerung: »Es gibt keinen Bereich in Kuba, der nicht unter den Folgen der Blockade leidet. Ihre Anwendung wirkt sich auf die Dienstleistungen, den Gesundheits- und Bildungsbereich, die Wirtschaft, die Preise, die Löhne, die Ernährung und die soziale Sicherung aus«[5], erklärte dazu der Außenminister Kubas Bruno Rodríguez. Laut einem Bericht der kubanischen Botschaft in Deutschland vom September 2016 verursachte die Wirtschaftsblockade zwischen April 2015 und April 2016 Schäden in Höhe von 753.688.000 US-Dollar.

Die Blockade besteht bis heute. Auch wenn im Oktober 2016 in der UN-Generalversammlung erneut 191 Länder für die Aufhebung der Blockade gestimmt haben und sogar die Vereinigten Staaten selbst sich erstmals enthielten, hat dies den Kongress der USA bis heute nicht dazu bewogen, sie aufzuheben. Und trotzdem war Obama im Dezember 2014 so dreist zu erklären: »Heute wollen die Vereinigten Staaten als Partner das Leben der normalen Kubaner ein bisschen einfacher machen, freier und wohlhabender.« Da kann man sich die berechtigte Frage stellen, warum er nicht mit der Maßnahme beginnt, die das Leben der Kubaner am stärksten negativ beeinträchtigt: der Wirtschaftsblockade.

So richtig zu spüren bekommen haben die Kubaner diese Blockade erst nach dem Niedergang der europäischen sozialistischen Staaten Anfang der 90er Jahre, da ihnen dadurch nahezu alle relevanten Handelspartner weggebrochen sind. Durch die enge Zusammenarbeit mit den sozialistischen Staaten im »Rat für gemeinsame Wirtschaftshilfe« hatte das Land zuvor keine eigene Industrie benötigt. Die entstandene Lücke in den Handelsbeziehungen konnte der kleine Inselstaat nicht füllen. Seitdem befindet sich die kubanische Wirtschaft in einer Phase, die sie »Spezialperiode in Zeiten des Friedens« nennen und die bis heute viele schmerzhafte Entbehrungen mit sich bringt.

Die Wirtschaft des Landes musste also wieder zum Laufen gebracht werden, damit ein angemessener Lebensstandard für die gesamte Bevölkerung inklusive der großen Errungenschaften wie das kostenlose Gesundheits- oder Bildungssystem finanziert werden konnte.

Den Sozialismus aufzubauen in einer kapitalistischen Welt, deren größter Player es sich zur Aufgabe gemacht hat, ihn zu zerstören, ist mehr als schwierig. Hinzu kommen die mangelnde Ausnutzung vorhandener Ressourcen, Planungsmängel, geringe Effektivität und Korruption. So wurde 2010 ein umfassender Plan der »Aktualisierung« zur Diskussion in die Bevölkerung gegeben und nach einem beeindruckenden demokratischen Prozess im Jahr 2011 beschlossen. Dessen Ziel ist es, die Ausgaben des Staates zu reduzieren, Exporte zu erhöhen, Importe durch eigene Produkte zu ersetzen und so letztlich Kapazitäten für die Entwicklung der Produktionsmittel, zur Erhöhung der Produktivität, freizusetzen. Viele Veränderungen der letzten Jahre beruhen also auf der Entschlossenheit der kubanischen Bevölkerung, wirtschaftlich eigenständig und handlungsfähig zu werden – und nicht etwa darauf, dass Obama sich dazu entschlossen hat, ihnen die »Hand der Freundschaft« zu reichen. Die Angst vor dem Wandel, die so viele Touristen auf die kleine Insel treibt, ist also vielmehr die Angst vor Schritten, die Kuba sich selbst vorgenommen hat. Den vermeintlichen »morbiden Charme« des Landes aufrecht erhalten zu wollen, vernachlässigt das Entwicklungsbedürfnis des Landes selbst. Es ist der egoistische Wunsch von denen, die sich den Traum von der Fahrt im alten amerikanischen Straßenkreuzer an der Karibikpromenade erfüllen wollen, ohne zu berücksichtigen, dass Kuba mit modernen, sparsamen Autos besser dran wäre.

Kuba verändert sich. Aus unterschiedlichen Perspektiven kann man das kritisch betrachten, etwa, wenn durch die Zunahme der Privatwirtschaft die Schere zwischen Arm und Reich immer größer wird. Oder wenn die zunehmenden kapitalistischen Elemente die berechtigte Frage aufwerfen, wie es mit dem Aufbau des Sozialismus weitergehen soll. Aber die Errungenschaften der letzten Jahre – hier sei nur die Erhöhung der Löhne oder der Ausbau des Internets genannt – sind zunächst einmal Ausdruck des Rechtes auf eigenständige Entwicklung, das Kuba zusteht.

1 Diaz, Rigoberto (2006): Kommunismus, Last Minute, Der Spiegel, 07.08.2006. http://www.spiegel.de/reise/fernweh/tourismus-in-kuba-kommunismus-last-minute-a-430489.html
2 Fischermann, Thomas (2015): Hilfe, sie kommen!, Zeit Online, 09.08.2015. http://www.zeit.de/2015/30/kuba-usa-botschaft-havanna
3 Rechnet man aus den 18 Ländern, aus denen die meisten TouristInnen nach Kuba kamen, die der acht europäischen Länder zusammen, kommt man auf diese Zahl. Quelle: Oficina Nacional de Estadística y Información (2016): Turismo internacional. Indicadores seleccionados.
4 zit. nach: Hermsdorf, Volker (2015): Die USA ändern nicht die Ziele ihrer Politik, junge Welt, 05.01.2015
5 zit. nach: Hermsdorf, Volker (2016): Kein Ende der Blockade, junge Welt, 15.09.2016

Der hohe Wert der Unabhängigkeit

Die Geschichte des Widerstands auf Kuba begann, kurz nachdem Christoph Kolumbus und seine Besatzung im Jahre 1492 als erste Europäer die Insel betraten. Hatuey, ein Indianerhäuptling von der Insel Hispaniola (heute Dominikanische Republik und Haiti), kam der indigenen Bevölkerung Kubas mit ca. 400 Gefolgsleuten zur Hilfe, um sie vor den Spaniern zu warnen und gemeinsam mit ihr zu kämpfen. Der verzweifelte Widerstand gegen die Invasoren scheiterte und Hatuey wurde bei lebendigem Leibe verbrannt.

Schnell entwickelte sich die Insel zu einem Sammelpunkt der spanischen Atlantikflotte. Aus afrikanischen Kolonien importierten die Spanier Sklaven nach Kuba.

Der Kampfgeist der Kubaner schien nie ganz gebrochen, während die Spanier ihre Insel zerstörten. Die unmenschlichen Lebensbedingungen der Sklaven Anfang des 19. Jahrhunderts führten zu stärkeren, jedoch stets vereinzelten Revolten. Acht davon entwickelten sich zu regelrechten Massenaufständen, die brutal niedergeschlagen wurden. Zeitgleich entwickelte sich auf Seite derer, die eigentlich von der Unterdrückung Kubas durch Spanien profitieren sollten, vermehrt der Wunsch nach wirtschaftlicher Freiheit, Mitsprache und politischem Recht. Denn diejenigen, die sich auf Kuba niedergelassen hatten, um Geld aus der Insel herauszupressen, wollten sich nicht mehr von der spanischen Krone beherrschen lassen. Es entstanden Parteien mit unterschiedlichen

Befreiungsvorstellungen: Sollte Kuba mehr Freiheit erhalten, jedoch weiterhin unter dem Schutze Spaniens stehen? Sollten die USA Kuba annektieren, so wie sie es mit Puerto Rico getan hatten? Oder sollte gar eine komplette Loslösung von der Weltmacht stattfinden und Kuba zu einer eigenen Republik werden?

Ein Jahrhunderte während er Kampf

Zwischen 1868 und 1898 fanden drei sogenannte Unabhängigkeitskriege auf Kuba statt, die alle vornehmlich auf Grund der fehlenden Einigkeit der Aufständischen scheiterten.

Am 10. Oktober 1868 begann der erste Unabhängigkeitskrieg, als der Zuckerrohrproduzent Carlos Manuel de Céspedes die Unabhängigkeit Kubas von der Kolonialmacht Spaniens proklamierte. Bis heute fahren Jugendliche an diesem Tag an den Strand, um den Tag der Unabhängigkeit zu feiern. Céspedes schenkte seinen Sklaven die Freiheit und forderte sie dazu auf, sich ihm im Kampf gegen die spanischen Kolonialisten anzuschließen. Daneben forderte er den Anschluss an die USA und den Abzug der spanischen Truppen aus Kuba. Der Krieg endete nach zehn Jahren durch einen Pakt, welcher unter anderem die Freilassung aller am Krieg beteiligten Sklaven festschrieb. Eine kleine Gruppe von Revolutionären widersetzte sich jedoch der Unterzeichnung des Paktes. Einer dieser Revolutionäre war Calixto García, der im Exil in New York 1878 ein Manifest gegen die spanische Kolonialmacht in Kuba veröffentlichte. Auf dieser Basis führte er einen weiteren bedeutenden, jedoch sehr kurzen Aufstand an. Die meisten Revolutionsführer wurden schnell verhaftet, im September 1880 mussten sich die übrig gebliebenen Rebellen geschlagen geben. Ihr Aufstand bewirkte allerdings, dass die spanische Verfassung ein Jahr später – 1881 – auf Kuba ausgeweitet wurde. Dadurch durfte Kuba Delegierte ins spanische Parlament entsenden. An dieser Stelle kommt ein Mann ins Spiel, dessen Abbild man heute noch an den abgelegensten Stellen der Insel entdecken kann. Sein Name ist José Martí und er wird bis heute als Nationalheld gefeiert. Er war es, der in den USA zusammen mit einigen exilierten Kubanern die PRC (Partido Revolucionario Cubano; Revolutionäre Kubanische Partei) gründete und andere ehemalige Revolutionsführer von der Wiederaufnahme des Unabhängigkeitskrieges in Kuba überzeugte. Martí, ein Poet und Philosoph, der auf Grund seiner politischen Gesinnung schon in jungen Jahren ins spanische Exil verbannt worden war, fiel bei seinem ersten Gefecht. Kubas gefeierter Nationalheld war also eher ein Held der Feder, anstatt des Schwertes. Seine Schriften spielen noch heute eine große Rolle im Bezug auf die ersehnte Einheit Lateinamerikas und die Unabhängigkeit Kubas. Aufgrund des immer brutaleren Eingreifens der Spanier gegen die zahlreichen kurz aufeinander folgenden Kriege und Aufstände, wurde das internationale Interesse auf Kuba gelenkt. Besonders die USA sahen nun ihre wirtschaftlichen Interessen auf der Insel bedroht.

Die Vereinigten Staaten stationierten daraufhin 1898 ein Schlachtschiff, die USS Maine, in einer Bucht vor Havanna, um die Spanier unter Druck zu setzen. Am

15. Februar 1898 explodierte eben dieses Schiff und riss Hunderte Matrosen in den Tod. Die USA beschuldigten Spanien, Verursacher der mysteriösen Explosion gewesen zu sein, von der bis heute vermutet wird, dass sie ein Sabotageakt der USA selbst gewesen ist. Doch das reichte als Vorwand, um Spanien daraufhin den Krieg zu erklären. Die Streitkräfte der USA waren denen der Spanier weit überlegen. Mit der Unterzeichnung des sogenannten »Pariser Friedens« endete die spanische Herrschaft über Kuba und die Zeit der US-amerikanischen Besatzung begann.

Am 20. Mai 1902 entstand die Republik Kuba. Die USA ließen es sich jedoch nicht nehmen, bei der Gründung einen Zusatzartikel in die kubanische Verfassung einzuführen – das sogenannte Platt-Amendment –, welcher ihnen das permanente Recht auf militärische Interventionen zusicherte, sofern sie ihre Interessen oder US-amerikanisches Eigentum in Gefahr sehen sollten. Auf dieser Grundlage sicherten sie sich 1903 zwei Militärstützpunkte, von denen einer in Guantanamo Bay noch bis heute besetzt gehalten wird.

Auf Drängen einiger US-Großkonzerne, die den Wahlkampf Gerado Machedos y Morales 1925 finanziell unterstützten, wurde dieser zum neuen Präsidenten Kubas gewählt. Er schlug einen extrem nationalistischen Kurs ein und ließ politische Gegner foltern, einsperren und ermorden. Seiner Terrordiktatur wurde 1933 durch einen von der breiten Volksmasse unterstützten Generalstreik ein Ende gesetzt. Heute lässt uns ein Szenenbild aus der Ära Machedos jedes Mal wieder der Opfer seiner Gräueltaten gedenken, wenn wir an der Tür des Capitolio in Havanna vorbeilaufen.

Die Diktatur Machedos wurde durch eine Übergangsregierung ersetzt. 1940 wurde Fulgencio Batista y Zaldívar, der für die Absetzung Machedos gekämpft hatte, zum Staatspräsidenten Kubas gewählt. Nach seiner vierjährigen Amtszeit, in der eine der bis dato fortschrittlichsten Verfassungen Lateinamerikas entstand, verschwand er für einige Jahre aus der Politik.

Doch nicht für lange: Im Jahre 1952 führte Batista einen Militärputsch durch, der die Verfassung von 1940 außer Kraft setzte, die Opposition unterdrückte, den Kongress auflöste und eine despotische Diktatur aufbaute. Von seiner einst annähernd fortschrittlichen Politik war nichts übriggeblieben. Die Menschen hungerten, Bildung war nur einigen wenigen vorbehalten und die kubanische Bevölkerung lebte im Elend, während Batista die Insel weiter zum Glücksspiel-Paradies für wohlhabende US-Amerikaner ausbaute.

Der junge Rechtsanwalt Fidel Castro klagte daraufhin Batista wegen Verfassungsbruch vor dem obersten Gerichtshof an. Das Gericht hielt Batista die Treue und wies die Anklage zurück. Daraufhin begann die Opposition, sich weiter zu radikalisieren. Fidel Castro erklärte, dass nun, nach Ausschöpfung aller legalen Mittel, das in der Verfassung verankerte Widerstandsrecht in Kraft getreten sei, und begann den bewaffneten Kampf gegen den Diktator vorzubereiten.

Die Revolution bringt erstmals Unabhängigkeit

Mit lediglich 115 Personen versuchte Castro am 26. Juli 1953, die gut gesicherte und mit 1.500 Mann besetzte Moncada-Kaserne in Santiago de Cuba zu stürmen - in der Hoffnung, so einen Volksaufstand auslösen zu können. Dieses waghalsige Unterfangen scheiterte kläglich, wird jedoch noch heute als Beginn der Revolution gefeiert. Durch den Angriff wuchs die Solidarität mit den Rebellen, die Opposition gewann neue Unterstützer. Fidel Castro wurde verhaftet und verurteilt, allerdings vorzeitig wieder freigelassen, weil sein Rückhalt in der Bevölkerung so groß war, dass Batista durch das Urteil ein weiteres Erstarken der Opposition befürchtete. Um den Guerillakampf ungestört vorbereiten zu können, floh Castro ins Exil nach Mexiko, wo er unter anderem den argentinischen Arzt Ernesto »Che« Guevara kennenlernte. Am 25. November 1956 brach Castro zusammen mit 81 weiteren Revolutionären in der Yacht »Granma« nach Kuba auf.

Durch ihr vorbildliches Auftreten und die erschütternde Grausamkeit Batistas gegenüber der Opposition gewannen die Revolutionäre nach anfänglichen Einbußen stetig neue Mitstreiter und Sympathisanten. In klassischer Guerilla-Taktik brachten sie Stück für Stück das ganze Land unter ihre Kontrolle. Das Kräfteverhältnis zwischen Batistas Truppen und den Revolutionären begann zu kippen.

Am 1. Januar 1959 floh Batista schließlich mit einem Großteil der Staatskasse ins Exil. An diesem Tag wird jährlich der Sieg der Revolution gefeiert.

Die Revolution hat es sich zum Ziel gemacht, die Ideen José Martís in die Tat umzusetzen. Binnen kürzester Zeit schaffte es die neu entstandene revolutionäre Regierung Kubas unter anderem, die Analphabetenrate sowie die Mieten und die Kosten für Strom, Telefon und Medikamente drastisch zu senken. Hinzu kam die Einführung eines kostenlosen Bildungs- und Gesundheitssystems, durch welche sich die allgemeine Lebenserwartung sowie die Säuglingssterblichkeit rapide auf das Niveau der sogenannten »Ersten Welt« zubewegten.

Im Rahmen der gesellschaftlichen Umwälzung wurde aller Großgrundbesitz – zum Großteil in US-amerikanischer Hand – enteignet und neu aufgeteilt. Diese Verstaatlichungen führten zu einem Bruch mit den Vereinigten Staaten und den bürgerlich-kapitalistischen Kräften innerhalb Kubas. Am 19. Oktober 1960 verhängten die USA eine totale Exportblockade über Kuba – der Beginn der Wirtschaftsblockade, die bis heute besteht. Eine Annäherung an die Sowjetunion war daraufhin unabdingbar.

Die USA gaben sich jedoch nicht geschlagen. Sie versuchten, eine militärische Invasion an der Südküste Kubas, der so genannten Schweinebucht, durchzuführen, um einen Volksaufstand gegen die Castro-Regierung einzuleiten. Die Operation scheiterte und der von den USA erhoffte Aufstand blieb aus.

Auf der Begräbnisfeier für die Gefallenen verkündete Fidel Castro offiziell den sozialistischen Charakter der Kubanischen Revolution. In seinen Augen waren die Unabhängigkeit und der Sozialismus in Kuba untrennbar miteinander verbunden. Der kubanische Freiheitskampf findet jedoch nicht in der eigenen Unabhängigkeit sein Ende. Für diese kämpft Kuba bis heute, doch sie kann nicht mehr sein als der Auftakt für eine Welt frei vom Kapitalismus.

Noch heute ist dieser Teil der kubanischen Geschichte an jeder Straßenecke zu entdecken: durch Statuen, Straßen- und Gebäudenamen oder durch die Gesichter der Freiheitskämpfer, die sich unter anderem auf den Geldscheinen der kubanischen Währung wiederfinden. Während unseres Aufenthaltes auf Kuba ist uns klar geworden, dass das Thema der Unabhängigkeit omnipräsent ist. So tragen viele Studenten einen Aufkleber, der zur Abschaffung der Blockade aufruft auf ihrem Rucksack und zeigen damit, dass sie die Unabhängigkeit Kubas verteidigen.

NATALIE BENELLI

Die Beziehung zum
Nachbarn im Norden

Am Anfang war ein Wirbelsturm. Als Hurrikan Sandy am 29. Oktober 2012 auf die Ostküste der USA traf, wohnte ich bei einer Freundin in Park Slope, einem Quartier Brooklyns in New York. Während die durch Sandy verursachten Überschwemmungen Park Slope verschonten, zerstörten sie küstennahe Sozialwohnungsquartiere in Brooklyn und Queens. Gebäude blieben wochenlang ohne Heizung, Strom und Warmwasser. Ohne funktionierende Aufzüge konnten alte oder kranke Menschen ihre Wohnungen in den oberen Stockwerken nicht verlassen, um sich mit Lebensmitteln, Hygieneartikeln oder Medikamenten zu versorgen. Geschäfte waren entweder geschlossen oder trieben die Lebensmittelpreise in die Höhe. Menschen verloren ihre Arbeit, weil der öffentliche Verkehr ausfiel oder das Hochwasser ihr Auto beschädigt hatte. Die Bürger*innen waren vor dem Sturm zwar aufgefordert worden, ihre Wohnungen zu verlassen, doch ohne Unterstützung durch die Regierung war dies den meisten wegen mangelnder materieller Mittel gar nicht möglich. Zwanzig der 53 Personen, die in New York durch Sandy starben, ertranken zu Hause. Vor und nach dem Sturm fehlte es an offizieller Unterstützung. Materielle Hilfe kam von Basisorganisationen wie Occupy Sandy, Kirchen und der alternativen Medienorganisation Women's Press Collective (WPC), in der ich mich seit sechs Jahren ehrenamtlich engagiere. Diese Organisationen verteilten Lebensmittel, Kleider und Reinigungsutensilien an Opfer des Sturms.

Eine andere Welt mit anderen Prioritäten

Vier Tage zuvor war Hurrikan Sandy bereits auf den östlichen Teil Kubas getroffen. 170.000 Gebäude wurden dort beschädigt, 16.000 Wohnungen völlig zerstört, 22.000 waren nur noch teilweise bewohnbar, elf Menschen starben. Die Medien in den USA und in Europa berichteten weder über die Zerstörung, noch über Kubas vorbildliche Präventions- und Aufbauarbeit. So erfuhren deren Leser*innen, Zuschauer*innen und Zuhörer*innen nicht, dass in Kuba 340.000 Personen rechtzeitig vor dem Sturm durch die Regierung evakuiert worden waren. Die Menschen konnten persönliche Gegenstände und sogar ihre Haustiere mitnehmen. Unmittelbar nach Durchzug des Wirbelsturms begann der Wiederaufbau durch die Armee, Notfallteams und Freiwillige.

Im Juli 2013 besuchte ich das von Sandy schwer angeschlagene Santiago de Cuba. Der Wiederaufbau war voll im Gang: Neue Palmen wurden gepflanzt, Kirchen restauriert, preisgünstige Sozialwohnungen für die einkommensschwache Bevölkerung gebaut. Die Regierung erließ 50 Prozent des Preises auf Baumaterialien für die Eigenheimrestauration. Derweil warteten einkommensschwache Bewohner*innen und Ladenbesitzer*innen in Brooklyn und Queens immer noch auf Hilfe von Seiten der Regierung und dies, obwohl der US-Kongress 51 Milliarden Dollar Opferhilfe versprochen hatte. Weitere Unterschiede zwischen Kuba und den USA wurden mir rasch deutlich. Kostenlose Gesundheitsversorgung ist in Kuba ein Verfassungsrecht. Einkommensschwache Kubaner*innen sind merklich gesünder als arme Menschen in den USA und anderswo. Unabhängig von

33

der wirtschaftlichen Situation der Eltern haben alle Kinder in Kuba ausreichend Nahrung und ein Zuhause. Dank des Nahrungsmittelverteilsystems der Regierung haben Kubaner*innen Zugang zu kostengünstigen Lebensmitteln wie Reis, Bohnen, Eier, Kaffee, Zucker und Speiseöl. Gemäß den Angaben des CIA Factbook, das nicht im Verdacht steht, den kubanischen Behörden nahe zu stehen, war die Kindersterblichkeit 2015 in den USA mit 5,87 toten Kindern auf 1.000 Lebendgeburten höher als in Kuba (4,7). Auch kostenlose Bildung ist in Kuba ein Verfassungsrecht, Analphabetismus existiert kaum. In den USA hingegen können 32 Millionen Erwachsene, 14 Prozent der Bevölkerung, gemäß eines Berichtes des US-Erziehungsdepartements vom 28. April 2013 nicht lesen. Kubaner*innen geben im Durchschnitt 10 bis 15 Prozent ihres monatlichen Einkommens für Wohnen, Strom und Wasser aus. In den USA sind es mehr als 30 Prozent.

Im April 2016 half ich bei der Organisation der ersten US-Tournee von »Die Kraft der Schwachen«. Das ist ein Dokumentarfilm über ebendieses fortschrittliche kubanische Gesundheits- und Bildungssystem. »Come Meet Jorgito!« stand auf dem Plakat, mit dem WPC Werbung für den 2014 von Tobias Kriele (Regie) und Martin Broschwitz (Kamera) fertiggestellten Film machte. Der Film erzählt die Geschichte von Jorge (Jorgito) Enrique Jerez Belisario, der 1993 mit einer Zerebralparese in Kuba zur Welt kam – einer Krankheit, die das Bewegungs-, Geh-, Sprech- und Essvermögen beeinträchtigt. Jorgito wurde vom Moment seiner Geburt an durch das von der UNO anerkannte kubanische Gesundheits- und Bildungssystem versorgt und ist heute ein selbstständiger junger Mann mit Universitätsabschluss als Journalist. Im September 2016 trat er bei einer Zeitung seiner Heimatstadt Camagüey seine erste Stelle an.

Der Film machte dem US-amerikanischen Publikum die Unterschiede zwischen den USA und Kuba bewusst. Kubas Einsatz für die körperliche, intellektuelle, kulturelle, soziale und politische Entwicklung jedes einzelnen Kindes beeindruckte. Die Konfrontation mit Kubas kostenlosem Gesundheits- und Bildungssystems veranlasste das Publikum zu Diskussionen über die wirtschaftlichen und politischen Bedingungen für die arbeitende Bevölkerung in den USA und wie diese verändert werden müssten. Jorgito, der die ersten fünf Veranstaltungen in New York wegen des von der US-Botschaft in Havanna verschleppten Einreisevisums verpasst hatte, wurde, als er dann endlich in New York eintraf, wie ein Held empfangen. Drei Monate nach der US-Tournee von »Die Kraft der Schwachen« fuhr eine Delegation mit zwei Vertreterinnen vom WPC sowie Jorgito und seiner Schwester Amanda nach Deutschland und in die Schweiz, wo sie auf Veranstaltungen über die unterschiedlichen wirtschaftlichen und politischen Bedingungen für die arbeitende Bevölkerung in den USA und in Kuba berichteten. Jorgito und Amanda unterstrichen dabei immer wieder, dass die Mehrheit der Jugend Kubas bereit sei, die revolutionären Errungenschaften ihres Landes zu verteidigen.

Ein Blick auf die Geschichte feindseliger Angriffe durch US-Regierungen gegen Kuba reicht, um nachvollziehen zu können, weshalb Kubaner*innen sich für ihr Land einsetzen. Seit den späten 1860er Jahre kämpften sie gegen die spanische Kolonialherrschaft. Als US-Truppen Kuba 1898 nach der Explosion eines US-Kriegsschiffes im Hafen von Havanna besetzten, um Washingtons Geschäftsinteressen auf der Insel zu verteidigen, nahm die Hoffnung auf nationale Unabhängigkeit ein jähes Ende. Noch im selben Jahr händigte Spanien Kuba an die USA aus. 1901 zwang der US-Kongress der kubanischen Verfassung das »Platt-Amendment« auf. Dieses legte das »Recht« der Vereinigten Staaten fest, in die Angelegenheiten der Insel einzugreifen, wann immer Washington dies für nötig hielt. Zwischen 1901 und 1958 wurde Kuba im politischen und wirtschaftlichen Interesse der USA regiert. So auch unter Fulgencio Batista, der am 10. März 1952 durch einen von den USA gestützten Militärputsch zum zweiten Mal an die Macht kam. Unter Batistas Herrschaft, die bis Ende 1958 dauerte, setzten US-Unternehmen und führende Familien die Ausbeutung der Reichtümer der Insel fort. Derweil lebte ein Großteil der Bevölkerung in Armut. Analphabetismus war weitverbreitet, medizinische Versorgung auf dem Land existierte kaum.

Hass ist für Kuba kein Mittel der Politik

Der Sieg der Revolution machte der US-Herrschaft über Kuba im Januar 1959 ein Ende. Die US-Regierung verhängte kurz darauf eine Wirtschafts-, Handels- und Finanzblockade, die bis heute besteht. Zudem erlitt Kuba unzählige militärische Angriffe und verdeckte Operationen durch die CIA, das FBI und von durch die

US-Regierung teilweise finanzierte und beschützte Terrororganisationen, so die Invasion der Schweinebucht im Jahr 1961, die Explosion des Flugs 455 der Cubana Airlines im Jahr 1976, zahlreiche Anschläge auf Hotels sowie mehr als 638 Anschläge auf Fidel Castro. Seit den 1960er Jahren wurden bei Terroranschlägen gegen Kuba und kubanische Institutionen im In- und Ausland 3.478 Menschen getötet und 2.099 versehrt.

In den 1990er Jahren entsandte die kubanische Regierung Aufklärer in die USA, um Informationen über von in Miami ansässigen Organisationen gegen ihr Land geplante Terroranschläge zu sammeln. Im Juni 1998 übergab die kubanische Regierung dem FBI umfangreiches Beweismaterial über Taten und Pläne der Terroristen. Doch statt die in den USA ansässigen Anführer der Terrorgruppen vor Gericht zu stellen, verhaftete das FBI am 12. September 1998 Gerardo Hernández, Ramon Labañino, Fernando González, Antonio Guerrero und René González und klagte sie der Verschwörung zur Spionage an. Die Männer kamen für 17 Monate in Isolationshaft. Der Zugang zu juristischer Beratung und zu den Unterlagen, die zur Vorbereitung ihrer Verteidigung nötig gewesen wären, wurde ihnen verweigert, ihren Familien das Besuchsrecht verwehrt. Im Zusammenhang mit dem Abschuss zweier Flugzeuge der in Miami ansässigen Terror-Organisation »Brothers to the Rescue« wurde später gegen Gerardo Hernández Anklage wegen Verschwörung zum Mord erhoben. Obwohl die US-Regierung eingestand, keine Beweise gegen ihn in der Hand zu haben, wurde Hernández zu zweimal lebenslanger Haft verurteilt. Und obwohl sie nie jemandem etwas zuleid getan hatten, weder im

Besitz von Waffen waren noch der Spionage gegen die US-Regierung überführt werden konnten, sondern »undercover« in terroristischen Gruppen agierten, die bewiesenermaßen weitere Anschläge gegen Kuba planten, wurden die anderen vier Männer zu Haftstrafen von 18 bis 30 Jahren verurteilt.

Während der Fall der zu Unrecht in den USA inhaftierten fünf Kubaner in den nationalen und internationalen Medien westlicher Länder kaum Thema war, empörten die Umstände ihrer Verhaftung, des Verfahrens sowie die extremen Strafen Jurist*innen und Menschrechtsaktivist*innen in aller Welt. Ein Bericht von Amnesty International aus dem Jahr 2010 äußert starke Zweifel an der Objektivität und der Fairness des Verfahrens und der Verurteilung durch das Gericht in Miami. Im September 2006, fünf Jahre nach der Verurteilung, wurden Beweise veröffentlicht, die belegten, dass die US-Regierung während des laufenden Verfahrens Hunderttausende von Dollars an Journalisten bezahlt hatte, damit diese negative Artikel über die fünf und Kuba verfassten. Um die Unterstützung für die fünf Kubaner möglichst gering zu halten, musste die wahre Geschichte darüber, wofür sie einstanden – eine Gesellschaft, die Menschen über Profit stellt – verheimlicht oder verzerrt werden.

Am 17. Dezember 2014 kündigten US-Präsident Barack Obama und sein kubanischer Amtskollege Raúl Castro die Wiederherstellung der diplomatischen Beziehungen zwischen ihren Ländern an. 15 Monate später reiste Obama nach Havanna, wo er in einer Rede am 22. März 2016 wiederholte, dass er eine Normalisierung wünsche. Die Rede wurde kurz darauf jedoch als Farce entlarvt, als Obama ein 750.000-Dollar-Programm seines Außenministeriums auf den Weg brachte, das potentielle »junge Führer der kubanischen Zivilgesellschaft« in die USA einladen und darin schulen soll, Organisationen aufzubauen und zu führen, »welche die demokratischen Prinzipien in Kuba aktiv unterstützen werden«. (vgl. Granma International, deutsche Ausgabe, April 2016, S. 8). Aus Sicht der USA ist die »Normalisierung« nichts anderes als eine neue Taktik im Bestreben, in Kuba einen Regimewechsel herbeizuführen.

Tatsache ist, dass die US-amerikanische Politik gegen Kuba sich auch nach Dezember 2014 kaum geändert hat. Die Blockade besteht weiter, obwohl die USA auf dem internationalen Parkett politisch total isoliert sind, wie es bei der Abstimmung in der UN-Vollversammlung am 26. Oktober 2016 deutlich wurde. Ohne Gegenstimme forderten dort 191 der 193 Mitgliedsländer der Vereinten Nationen die sofortige Beendigung der illegalen Blockade, die USA selbst und Israel enthielten sich der Stimme. Doch trotzdem wurden mindestens acht Großkonzerne, darunter die Deutsche Commerzbank und die französische BNP Parisbas SA, von der US-Regierung mit Geldbußen in Milliardenhöhe belegt, weil ihre Geldtransaktionen mit Kuba angeblich gegen die Sanktionen verstießen. Der US-Zahldienst PayPal schließt Konten deutscher Kunden, die mit Waren aus Kuba handeln oder Veranstaltungen mit kubanischen Künstler*innen durchführen. Erst am 13. Juli 2016 hatte das US-Repräsentantenhaus eine weitere Verschärfung der Blockade beschlossen, und das Unterhaus verabschiedete die »2017 Financial Services and General Appropriations

Bill«, die gewisse Reisen nach Kuba mit Bildungsaustausch verbietet. Bis zum heutigen Tag verweigern die USA zudem die Rückgabe der illegal besetzt gehaltenen Bucht von Guantánamo an die rechtmäßige Besitzerin Kuba. Das Gebiet dient den USA als militärische Marinebasis sowie zur zeitlich unbestimmten Inhaftierung und Folter mutmaßlicher Terroristen. Doch trotz der feindseligen Politik der US-Regierung gegen ihr Land sagen viele Kubanerinnen und Kubaner, sie verspürten eine tiefe brüderliche und schwesterliche Verbundenheit mit dem US-amerikanischen Volk. Das ist nur scheinbar paradox: Hass war und ist in Kuba seit dem Sieg der Revolution niemals ein Mittel der Politik.

TOBIAS SALIN

Von Demokratien und Diktaturen

Wir trinken Guavensaft in Pedros Wohnzimmer, während er lachend erklärt: »Natürlich gibt es hier Wahlen!«. Der gertenschlanke Mittdreißiger mit Halbglatze ist Abgeordneter des Kommunalparlaments. Alle auf Kuba lebenden Menschen dürfen ab dem 16. Lebensjahr wählen und sich – auf höherer Ebene ab 18 Jahren – selbst zur Wahl stellen oder vorgeschlagen werden. Ihre politische Gesinnung spielt dabei keine Rolle, und ebenso wenig, ob sie in einer Partei sind. Ich muss schlucken, als ich das höre. Okay, dass Kuba keine – wie so oft dargestellt – menschenrechtsverachtende Diktatur ist, wusste ich schon vorher. Dass hier allein die kommunistische Partei PCC den Ton angibt, hatte sich aber selbst in meinen Kopf eingebrannt – in deutschen Medien oder auch auf der Internetseite des Auswärtigen Amts findet man schließlich kaum etwas anderes. Während meines Auslandsaufenthalts auf Kuba sprach ich kurz vor den Kommunalwahlen 2015 deshalb meinen Philosophieprofessor an. Dieser lud mich daraufhin zu seinem Freund Pedro ein.

Es gibt tatsächlich Wahlen auf dieser Insel

Während es vor Pedros Wohnung in den Außenbezirken Havannas dunkel wird, erzählt er mehrere Stunden lang. Ich lausche gespannt und lasse mich nur ab und an von den nach Hause kommenden

Arbeiter*innen ablenken, die langsam beginnen, die Straßen zu beleben und ihre Domino- und Schachspiele auspacken. Ich lerne an diesem Abend, dass im April alle Wahlberechtigten die Möglichkeit haben, von ihrer Nachbarschaft für 2,5 Jahre in eines der 169 Kommunalparlamente gewählt zu werden. Ob die Dominospielfertigen hier auch berücksichtigt werden, überlege ich schmunzelnd. Vor den Wahlen gibt es in jedem Nachbarschaftskreis (ca. 200 bis 300 Menschen) eine Versammlung, auf der dann zwei bis acht Amtsbewerber*innen pro Kommunalparlamentssitz vorgeschlagen werden, fährt Pedro fort. Anschließend wird in der ganzen Kommune, bestehend aus mehreren Nachbarschaftskreisen, eine Liste mit allen Aufgestellten angefertigt. Am Wahltag kann hinter jedem Namen ein Kreuz gemacht werden. Es gibt auch die Möglichkeit, sich gegen alle Aufgestellten auszusprechen, dann lässt man den Zettel weiß, dies machen circa vier Prozent der Bevölkerung. Dies sei oft ein Ausdruck dafür, dass man mit dem System nicht einverstanden sei, erklärt mir Pedro. Die Kandidat*innen, die die meisten Stimmen aus ihrer Kommune erhalten haben, ziehen ins Kommunalparlament ein. Kommerzieller Wahlkampf ist verboten, von allen Bewerber*innen wird lediglich ein Porträt und ein kurzer Lebenslauf mit Beruf, Alter und Funktionen ausgehangen. Nicht das bunteste Wahlplakat, der beste Wahlspruch oder der Mensch, der die meisten kostenlosen Kugelschreiber verteilt, soll gewinnen, sondern die Person, die das größte Vertrauen genießt. Pedro bestätigt auf Nachfrage, dass natürlich auch die PCC keinen Wahlkampf betreiben darf und keine Kandidat*innen ins Rennen schickt. Hier werden also Personen und nicht Parteien gewählt. Mir fällt auf, wie albern es ist, sich dann über das »Einparteiensystem« zu echauffieren.

Jede Nachbarschaftsorganisation (CDR) trifft sich regelmäßig und veranstaltet Feste, organisiert Diskussionsveranstaltungen und sorgt sich um alte und bedürftige Menschen im Block. Gleichzeitig bildet sie die Basis des Wahlsystems. Wer sich hier am gewissenhaftesten um seine Mitmenschen kümmert, wird mit hoher Wahrscheinlichkeit auch viele Stimmen bekommen. Die Gewählten sind rechenschaftspflichtig und müssen deswegen regelmäßig – mindestens alle drei Monate – auf einer Nachbarschaftsversammlung erklären, was sie in letzter Zeit auf kommunaler Ebene getan haben. Wenn die Nachbarschaft unzufrieden ist, kann sie ihre Abgeordneten wieder abwählen. »Auf kommunaler Ebene kommt das auch relativ häufig vor«, meint Pedro.

Als ich das höre, muss ich an Deutschland denken und an die ganzen leeren Wahlversprechen, die uns gemacht werden. In Deutschland darf man groß mit »Wechsel wählen!« werben und nach der Wahl mit der Partei koalieren, die schon seit Jahren an der Macht ist, man darf sich als Friedenspartei ausgeben und danach neue Kriegseinsätze befeuern. In Kuba wäre all das unmöglich, da man sofort wieder aus dem Parlament gekickt werden würde.

Ein Freudenruf von einem gewinnenden Brettspieler reißt mich aus den Gedanken und Pedro fährt fort. Nachdem alle Nachbarschaften insgesamt circa 14.500 Abgeordnete in die Kommunalparlamente delegiert haben, werden die Abgeordneten der 15 Provinzen gewählt und die 612-köpfige Nationalversammlung. Diese Wahlen finden alle fünf Jahre statt und die Kandidat*innen werden zu 50 Prozent von den untergeordneten Parlamenten und zur anderen Hälfte von den Massenorganisationen vorgeschlagen. Diese gibt es für jede größere Bevölkerungsgruppe: eine für Student*innen, eine für Arbeiter*innen, eine für Landwirt*innen, eine Frauenorganisation und so weiter. Durch ihre Einbeziehung soll gewährleistet werden, dass das Parlament wirklich die Bevölkerung repräsentiert. So sind beispielsweise knapp 50 Prozent[1] der kubanischen Parlamentarier*innen Frauen, da nun einmal auch in etwa 50 Prozent der in Kuba lebenden Menschen weiblich sind. Im Bundestag liegt der Frauenanteil dagegen nur bei 36,5 Prozent (Stand 2016)[2] Auch Arbeiter*innen werden hier eher unterrepräsentiert sein, Vertreter der Jugend sucht man wohl vergeblich. Ich denke daran, wie schön es wäre, wenn auch in Deutschland die Arbeiter*innen, Landwirt*innen und die Schüler*innen aus ihren Vierteln, Betrieben und Schulen Vertreter*innen aus ihren eigenen Reihen bestimmen könnten, ohne dass große Konzerne oder Banken sich ihre Vertreter mit viel Geld aufbauen können und eine Vorauswahl der Parteien stattfindet.

Die Nationalversammlung wählt aus den Reihen der Abgeordneten anschließend 34 Staatsrats- und 31 Ministerratsmitglieder sowie den Staatspräsidenten. Also auch jedes Staatsratsmitglied muss von seiner Nachbarschaft oder seinen Mitmenschen im Betrieb, Schule, Universität usw. vorgeschlagen werden. Auch Raúl und Fidel müssen demnach ihre Nachbarschaft

Kubas Wahlsystem

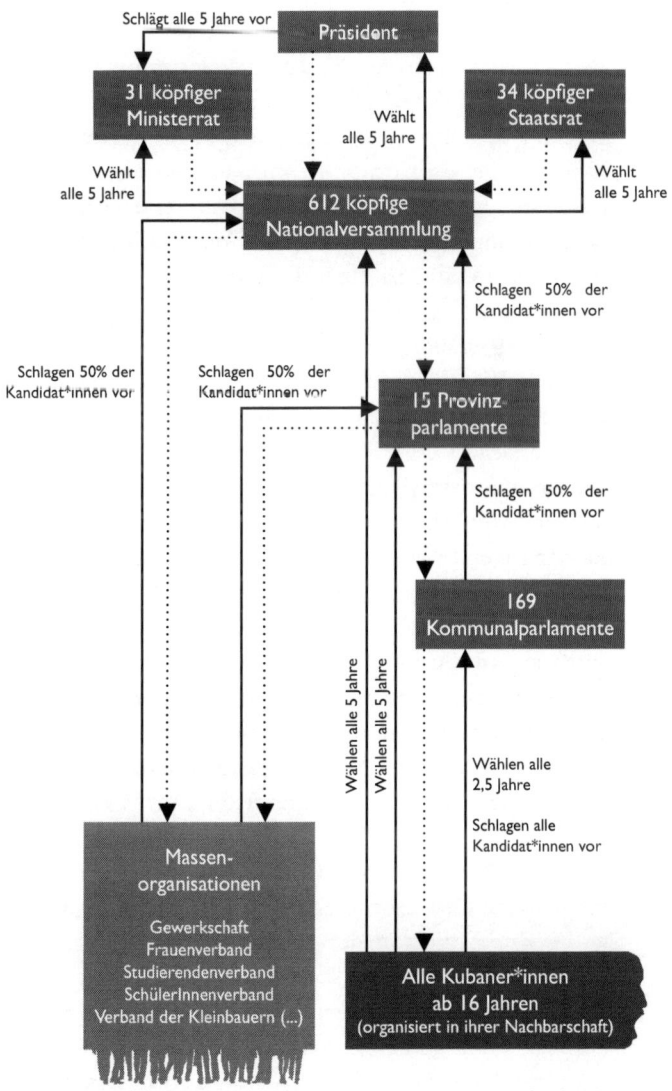

Schlägt alle 5 Jahre vor → **Präsident**

31 köpfiger Ministerrat

34 köpfiger Staatsrat

Wählt alle 5 Jahre

Wählt alle 5 Jahre

Wählt alle 5 Jahre

612 köpfige Nationalversammlung

Schlagen 50% der Kandidat*innen vor

Schlagen 50% der Kandidat*innen vor

Schlagen 50% der Kandidat*innen vor

15 Provinzparlamente

Schlagen 50% der Kandidat*innen vor

169 Kommunalparlamente

Wählen alle 5 Jahre

Wählen alle 5 Jahre

Wählen alle 2,5 Jahre

Schlagen alle Kandidat*innen vor

Massenorganisationen

Gewerkschaft
Frauenverband
Studierendenverband
SchülerInnenverband
Verband der Kleinbauern (...)

Alle Kubaner*innen ab 16 Jahren
(organisiert in ihrer Nachbarschaft)

.... = Rechenschaftspflicht

45

hinter sich haben. So verlieren auch sie den Bezug zur Bevölkerung nicht, meint Pedro. Jedes Mitglied der Nationalversammlung hat bei der Wahl im Februar 2013 76 bis 99 Prozent der Stimmen erhalten und das bei einer Wahlbeteiligung von fast 90 Prozent. Zum Vergleich: An der Bundestagswahl beteiligten sich nur 71,5 Prozent der Stimmberechtigten, mit der Arbeit einzelner Politiker ist die deutsche Bevölkerung nur selten besonders zufrieden.[3] Die kubanischen Abgeordneten scheinen auf jeden Fall einen größeren Rückhalt im Volk zu genießen. Pedro meint, das liegt daran, dass alle Kubaner*innen wissen, wie hart der ehrenamtliche Job eines Parlamentariers ist: alle Gewählten bekommen das gleiche Gehalt oder den gleichen Lohn wie vor der Wahl. Sie sind auch weiterhin in ihren alten Berufen tätig und werden nur für die parlamentarische Arbeit freigestellt, so geht auch Pedro hauptsächlich seiner Arbeit als Professor nach. Auf höherer Ebene gibt es natürlich komplett Freigestellte, lässt er mich wissen. Die Parlamentarier*innen wissen auf der anderen Seite, dass sie sich regelmäßig auf den Wählersitzungen den Fragen und der Kritik stellen müssen. Deshalb vertreten sie natürlich die Interessen ihrer Nachbarschaft oder ihrer Massenorganisation. Es gibt ja zum Glück auch keine Unternehmerinteressen, die mit viel Geld durchgedrückt werden können: Alle großen Betriebe sind in staatlicher Hand und die Vertreter*innen des Volkes und der Betriebe bestimmen, was und wie produziert wird.

Die Bevölkerung redet auf allen Ebenen mit

Auf den Straßen wird es langsam leiser und Pedro verabschiedet sich mit der Empfehlung, mir doch einfach am nächsten Zeitungsstand eine Verfassung und ein Wahlgesetz zu kaufen, dann hätte ich alles schwarz auf weiß. Gesagt, getan. Beim Überfliegen stelle ich schnell fest, dass das deutsche Wahlsystem vom kubanischem noch ganz schön viel lernen könnte.

Bei wichtigen Entscheidungen wird grundsätzlich die Bevölkerung mit einbezogen. Ende 2010 bis April 2011 führten die Kubaner*innen eine lange Debatte über mögliche Lösungen der wirtschaftlichen Probleme des Landes und brachten ihre Bedürfnisse und Anforderungen ein. Beteiligt waren daran fast acht Millionen Kubaner*innen auf circa 163.000 Veranstaltungen, sie reichten insgesamt über 780.000 Anträge ein. Dadurch wurden etwa 60 Prozent des ursprünglichen Parteiantrags auf dem VI. Parteitag im April 2011 geändert. Auf einem Kongress der Kommunistischen Partei im Januar 2012 wurden dann die daraus entstandenen Leitlinien (Lineamientos) für die Wirtschafts- und Sozialpolitik bewilligt und auf einer Nationalversammlungssitzung verabschiedet.

Anschließend machten sich die Kubaner an die Umsetzung. Die erste Bilanz auf dem VII. Parteitag im April 2016: Von 313 Leitlinien wurden 21 Prozent vollständig umgesetzt, 77 Prozent sind in Arbeit und lediglich zwei Prozent konnten noch gar nicht behandelt werden. Seit 2011 wurden im Zusammenhang mit den Lineamientos 344 neue Gesetze erlassen,

55 modifiziert und 684 aufgehoben. In der Praxis treten jedoch noch Probleme auf, bemängelte Raúl Castro und betonte gleichzeitig, dass es wichtig sei, niemanden zurückzulassen und sich deshalb Zeit für die Veränderungen zu nehmen.

Falls es dennoch Unzufriedenheit mit etwas gibt, haben die Kubaner*innen mehrere Möglichkeiten, um einzugreifen: Beschwerden an ihre Gemeindeversammlung müssen innerhalb von 60 Tagen bearbeitet werden, eine Gesetzesinitiative muss bei 10.000 Unterstützerstimmen in der Nationalversammlung behandelt werden.

Was ist nun also dran an der Allmacht der Kommunistischen Partei? Haben Barack Obama und Angela Merkel das Recht, das kubanische System als undemokratisch zu bezeichnen?

Auch wenn 80 Prozent der Nationalversammlungsmitglieder in der Kommunistischen Partei sind, wurden sie als Einzelpersonen gewählt und genießen als solche das Vertrauen ihrer Mitbürger*innen. Die Kommunistische Partei hat weder das Recht, Kandidat*innen vorzuschlagen, noch direkt jemanden in die Nationalversammlung zu senden, sie darf keine Gesetze erlassen und keinen Wahlkampf betreiben. Sie hat das Ziel, die Kommunist*innen Kubas in sich zu vereinen und mit ihnen den Sozialismus weiterzuentwickeln und die Menschheit von »jeglichen Formen der Ausbeutung – Sklaverei, Knechtschaft und Kapitalismus« zu befreien und »die kommunistische Gesellschaft zu errichten«. So steht es in der Präambel der Verfassung, die Kuba als sozialistischen Staat kennzeichnet.

An der Spitze dieser Bestrebungen steht die Kommunistische Partei. Nun kann man vom Kommunismus halten was man will, aber diese Verfassung ist 1976 per Volksabstimmung angenommen worden und der sozialistische Charakter 2002 mit 8 Millionen »Ja«-Stimmen (bei 8,5 Millionen Wahlberechtigten) bestätigt worden. Ich kann mich nicht erinnern, jemals mein »Ja« für den Kapitalismus gegeben zu haben, dennoch muss ich in ihm leben.

Mitglied in der Kommunistischen Partei werden politisch engagierte und bewusste Menschen, die oft in den Massenorganisationen sehr aktiv sind. Karrierist*innen sind in der Partei unerwünscht, deswegen kann man nicht einfach eintreten. Stattdessen fragt die Partei die Menschen an, die sich augenscheinlich für die Interessen der Bevölkerung in ihrem Lebensumfeld engagieren. Aber es gibt weder einen Zwang noch irgendwelche Benachteiligungen, wenn man dieser Bitte nicht nachkommt.

Seit 1992 sind kapitalistische Parteien auf Kuba zugelassen und dürfen die Gegner des Sozialismus vertreten. Ihre Mitglieder treten regelmäßig bei den Wahlen an, schaffen es aber in den seltensten Fällen, genügend Stimmen zu bekommen. So stellte der Oppositionelle Hildebrando Chaviano nach seinem erfolglosen Antritt bei der Kommunalwahl 2015 fest: »Die Wahl war sauber. Die Auszählung war sauber. Die Leute wollen keinen Wechsel. Sie wollen noch immer die Revolution.«[4]

Das allein wäre eine wichtige Erkenntnis für westliche Medien und Politiker*innen. WELT[5], BILD[6] und Co. berichten gern von der »Castro-Diktatur« oder Ähnlichem und Barack Obama betonte in seiner

Rede[7] vom 17. Dezember 2014 mehrmals, dass er amerikanische Werte und damit auch die Demokratie nach Kuba bringen will.

Nach der Unterhaltung mit Pedro, all den Gesprächen und Recherchen, wird deutlich, dass diese Worte nur dazu dienen, Kuba zu diffamieren. Der angebliche Kampf für die Demokratie entpuppt sich schnell als Legitimationsversuch, um eigene wirtschaftliche und politische Interessen durchsetzen zu können – durch Blockaden oder notfalls auch militärisch. Denn Kuba scheint einigen Kapitalist*innen ein Dorn im Auge zu sein. Nicht weil es an Demokratie fehlt, sondern weil hier die Menschen und nicht die großen Unternehmen und Banken das Sagen haben.

1 https://de.statista.com/statistik/daten/studie/151106/umfrage/
frauenanteil-in-ausgewaehlten-nationalen-parlamenten/
(26.10.2016)
2 https://de.statista.com/statistik/daten/studie/151106/umfrage/
frauenanteil-in-ausgewaehlten-nationalen-parlamenten/
(26.10.2016)
3 https://de.statista.com/statistik/daten/studie/2274/umfrage/
entwicklung-der-wahlbeteiligung-bei-bundestagswahlen-
seit-1949/ (04.11.2016)
und
https://de.statista.com/statistik/daten/studie/746/umfrage/
zufriedenheit-mit-der-politischen-arbeit-von-ausgewaehl-
ten-politikern/ (27.10.2016)
4 http://www.reuters.com/article/
us-cuba-election-opponents-idUSKBN0NA16F20150420
(27.10.2016)
5 https://www.welt.de/politik/article1694024/
Castro-Revolutionaer-und-Diktator-mit-Charisma.html
(27.10.2016)
6 http://www.bild.de/politik/ausland/fidel-castro/
so-grausam-ist-fidel-castro-19504474.bild.html (27.10.2016)
7 http://www.zeit.de/politik/ausland/2014-12/
barack-obama-rede-beziehungen-usa-kuba (27.10.2016)

Karl Wolfgang

Über den Missbrauch der Menschenrechte

Während des Kuba-Besuchs von Barack Obama wurde Raúl Castro im März 2016 auf einer Pressekonferenz in Havanna auf das Thema Menschenrechte angesprochen. Castro fragte die US-amerikanische Journalistin, ob sie ihm ein Land nennen könne, das alle Menschenrechte einhalte. Dann verwies er auf den universellen Zugang zum Gesundheitssystem und dem Bildungssystem, der in Kuba beispielhaft für die staatliche Garantie fundamentaler Menschenrechte steht. Wenn westliche Medien sich dem Thema widmen, geht es jedoch meist um etwas anderes. Auch zahlreiche Organisationen, darunter »Amnesty International«, werfen Kuba die Einschränkung von Meinungsfreiheit, Versammlungsfreiheit, Informationsfreiheit und Reisefreiheit vor. Die Anschuldigungen werden jedoch nicht in den besonderen internationalen, geschweige denn in den historischen Kontext gesetzt, in dem sich die Kubanische Revolution befindet.

Die US-Regierung versucht seit dem Sieg der Revolution im Jahr 1959, verstärkt in das Selbstbestimmungsrecht des kubanischen Volkes einzugreifen. Ihre wichtigste Maßnahme dazu ist bis heute die Wirtschafts-, Handels- und Finanzblockade , die von kubanischer Seite als »der längste Genozid der Geschichte« bezeichnet wird. Diese Blockade wäre – neben dem US-Gefängnis in Guantánamo – in erster Linie zu nennen, wenn über die Verletzung von Menschenrechten auf kubanischem Boden geredet wird. Fidel

Castro prangerte auf der Kundgebung am 1. Mai 2004 die USA dafür an, dass sie eine Haftanstalt geschaffen hätten, in der Hunderte Menschen »ohne Kommunikation, ohne Identifikation, ohne Rechtsverteidigung, ohne jegliche Gewährleistung von körperlicher Unversehrtheit, ohne Prozess ... zeitlich unbegrenzt gefangen gehalten werden«. Er fragte, warum die USA für einen »so merkwürdigen Beitrag zur Zivilisation« nicht ihr eigenes Staatsgebiet nutzen. »Doch nein«, fuhr Fidel Castro fort, »dafür nahmen sie das Stück Erde, das sie gesetzwidrig und gewaltsam besetzt halten innerhalb eines anderen Landes, Kuba, das sie dann alljährlich in Genf der Verletzung der Menschenrechte anklagen.«[1]

Im UN-Menschenrechtsrat brachten die USA immer wieder Klagen gegen Kuba ein. Was dahinter steckt, enthüllte der ehemalige Leiter der US-Interessenvertretung (der heutigen Botschaft) in Havanna, Wayne Smith. Authentischer, direkter und entlarvender lässt sich die Intention hinter der Menschenrechtskampagne der USA gegen Kuba kaum ausdrücken. Smith erklärte, dass das Hauptziel der USA immer der »Sturz des Castroregimes« gewesen sei. Druck auf Kuba solle einerseits durch die Wirtschaftsblockade und andererseits über die Themen »Demokratie und Menschenrechte« ausgeübt werden. Dabei gab der ehemalige US-Diplomat zu: »Die Demokratie und die Menschenrechte interessieren uns wenig. ... verglichen mit den meisten Ländern auf der Welt, ist Kuba ein Paradies. Und wenn wir seit 1985 öffentlich verkünden, dass wir ganz offen die Dissidenten und Menschenrechtsgruppen in Kuba stimulieren und finanzieren, so geschieht auch das nur in unserem eigenen Interesse.«

Diese Gruppen seien für Washington »einfach ein
paar Leute, die nur so lange wichtig für uns sind, wie
sie dem einen Zweck dienen: der Destabilisierung des
Regimes von Fidel Castro.«[2]

Bis heute werden jedes Jahr dutzende Millionen
Dollar im öffentlich-einsehbaren Teil des US-Haus-
halts für die Subversion des politischen Systems in
Kuba bereitgestellt. Aus diesem Budget speisen sich
die meisten der berühmten »Regimekritiker«, Journalisten und Blogger die – oft erfundene – »system-
kritische« Meldungen schreiben oder auf der Straße
demonstrieren. Viele Berichte über angebliche Men-
schenrechtsverstöße stützen sich ausschließlich auf
Aussagen eben dieser Personen.

Welche Menschenrechte gemeint sind

Die Allgemeine Erklärung der Menschenrechte von
1948, der Internationale Pakt über bürgerliche und politische Rechte (UN-Zivilpakt, 1966) und der Internationale Pakt über wirtschaftliche, soziale und kulturelle
Rechte (UN-Sozialpakt, 1966) bilden zusammen die
»Universal Declaration of Human Rights«, auch Internationale Menschenrechtscharta genannt. Nimmt man
diese Charta als Grundlage für die Normierung uni-
verseller Menschenrechte, so ist es interessant zu betrachten, welche Menschenrechte in einem Land höher gehandelt werden als andere. Denn die Frage nach
den Menschenrechten ist immer auch eine Frage danach, welche Macht und welche politische Gewalt welche Auswahl an Menschenrechten durchsetzt und welche Interessen sie damit verfolgt. Die Menschenrechte

wurden 1966 formal aufgeteilt in eine erste Generation (UN-Zivilpakt) und eine zweite Generation, den UN-Sozialpakt. Ersterer umfasst die bürgerlichen und politischen Menschenrechte, unter welche die Informationsfreiheit, Versammlungsfreiheit oder die Freizügigkeit fallen. Unter die zweite Generation fallen mit den wirtschaftlichen, sozialen und kulturellen Rechten vor allem solche Rechte, die durch einen Staat gewährleistet werden müssen. Mit der Positionierung der bürgerlichen politischen Menschenrechte an erster Stelle entsteht der Eindruck, sie seien wichtiger als die sozialen, wirtschaftlichen und kulturellen Rechte. Letztgenannte sind aber vor allem diejenigen Menschenrechte, die das kubanische Volk mit seiner Revolution erkämpfte und die auf der Insel seit 1959 durchgesetzt werden. Konkret: die Landreform, die den Großgrundbesitz unter der Bevölkerung aufteilte, die Alphabetisierung des ganzen Volkes, der Zugang zu Kultur, Bildung und medizinischer Versorgung für alle Menschen, der verfassungsmäßige Anspruch auf gleiche Bezahlung für Frauen und Männer sowie das Recht auf Arbeit und Wohnen.

Aufgrund eigener dreijähriger Erfahrung als Angestellter einer deutschen Firma in Havanna meine ich, dass die niedrigen staatlichen Löhne derzeit das wichtigste Problem Kubas auch für die Umsetzung einiger Menschenrechte darstellen. Mit einem Lohn von durchschnittlich 675 Pesos in »Moneda Nacional«[3] lebt es sich trotz Lebensmittelkarte, subventioniertem Strom, Gas und Wasser und kostenlosem Mittagessen auf der Arbeit nur sehr bescheiden. Doch kein Mensch muss auf Kuba verhungern und allen steht ein Dach über dem Kopf zu, was von vielen anderen Ländern dieser Welt nicht behauptet werden kann. Aber Dinge wie Kleidung, Elektrogeräte und andere Waren, die importiert werden, sind kaum erschwinglich. Das schmälert aus Sicht vieler Kubaner die Lebensqualität. Wenn man Kuba als strukturell unterentwickeltes Land der Karibik sieht, eine ehemalige Kolonie mit einer nach mehr als 400jähriger Fremdherrschaft grundlegend deformierten Wirtschaft, erscheint vieles in einem anderen Licht. Haiti wird beispielsweise meist nicht mit der Latte Menschenrechte gemessen, auch wenn dort etwa das Recht auf Arbeit, Gesundheitsversorgung, Bildung und angemessene Lebenshaltung nicht ansatzweise verwirklicht ist.

Bei jeder Diskussion über Menschenrechte sollten wir anerkennen, dass jedes Land zu jeder historischen Situation eigene Prioritäten bezüglich der durchzusetzenden Menschenrechte setzt. Im Hinblick auf Kuba könnte man zugespitzt fragen, ob es denn wichtiger ist, unentgeltlichen Zugang zu Schulbildung und höherem Bildungswesen zu haben, oder einen eigenen Computer mit Internetanschluss zu besitzen. Oder auch, ob es wichtiger ist, allen Fachkräften uneingeschränkte Reisefreiheit zu garantieren – auch wenn damit die bereits bestehende Abwanderung von Fachkräften (»Brain Drain«) weiter stimuliert wird – oder ob es stattdessen nicht notwendiger ist, die Versorgung der Bevölkerung durch wichtige Spezialisten, Fachärzte und Chirurgen sicherzustellen, nachdem man diese viele Jahre auf Kosten des Staates ausgebildet hat? Ergänzend zum Grundsatz der Universalität der Menschenrechte gilt auch der Anspruch ihrer Unteilbarkeit. Menschenrechte müssen danach stets in ihrer Gesamtheit verwirklicht sein. Im lateinamerikanischen Kontext ist zum Beispiel relevant, dass eine Umsetzung von Freiheitsrechten nicht möglich ist, wenn nicht gleichzeitig das Recht auf Nahrung, Bildung und Arbeit verwirklicht wird.

Die kubanische Haltung zu diesem Thema fasste der damalige Außenminister Felipe Pérez Roque im Rahmen der letzten regulären Sitzungsperiode der UN-Menschenrechtskommission im Jahr 2005 zusammen. Er sagt, dass kubanische Volk würde »inbrünstig an die Freiheit, die Demokratie und die Menschenrechte« glauben. Denn es könne »keine Demokratie ohne soziale Gerechtigkeit geben. Es ist keine Freiheit möglich, wenn sie nicht auf dem Zugang zu Bildung und Kultur beruht. Die Unwissenheit ist das schwere Joch, das die Armen niederdrückt. Gebildet zu sein ist die einzige Weise, um frei sein zu können!« Er betont, dass es keinen wahrhaften Zugang zu Menschenrechten geben könne, wenn es keine Gleichheit und keinen Ausgleich gäbe. Grund dafür sei, dass Arme und Reiche niemals die gleichen Rechte haben würden, unabhängig davon ob dies »auf dem Papier verkündet und anerkannt« werde. Weil die Kubaner dieses Problem erkannt haben, würden sie daran arbeiten, ein anderes Land aufzubauen und genau dieser Aufbau eines »anderen Landes« wäre den USA ein Dorn im Auge. »Wir sind ein gefährliches Beispiel, denn wir sind ein Symbol dafür, dass nur in einer gerechten und solidarischen – das heißt in einer sozialistischen – Gesellschaft die Möglichkeit zur Inanspruchnahme aller Rechte durch alle Bürger bestehen kann.«

Dämonisierung der sozialen Alternative

Wer auf Kuba geboren wird, hat eine höhere Lebenserwartung, als Menschen auf den karibischen Nachbarinseln oder in Mexiko. Mit knapp 79 Jahren erreicht die durchschnittliche Lebenserwartung in Kuba fast das Niveau der Industrienationen des Nordens.[4] Zudem genießt ein Mensch in Kuba eine durchschnittliche Ausbildungsdauer von mehr als zehn Jahren, was ebenfalls auf dem Niveau industrialisierter Länder liegt. Der Zugang zu Kultur, Bildung und Gesundheitssystem – auch außerhalb der großen Städte – ist besser ausgebaut als vielerorts sonst auf der Welt. Die Gesamtheit solcher Daten spiegeln sich in Messzahlen wie dem Human Development Index (HDI)[5] oder dem Gini-Koeffizienten[6] wieder, bei denen Kuba international gut abschneidet. Auch die Sicherheit auf den Straßen der großen Städte ist einzigartig in Lateinamerika. Diese sind weitgehend frei von Gangs und Drogen wie man es sonst auf dem Kontinent – beispielsweise aus dem Nachbarland Mexiko – kennt. Das ist so, obwohl Kuba geographisch an der Haupt-Route des Drogenhandels – von Südamerika als Produzent nach Nordamerika als Hauptkonsumregion – liegt.

Würden die Massenmedien tatsächlich alle wirtschaftlichen, sozialen, und kulturellen Menschenrechte würdigen, für deren Verwirklichung das kubanische Volk gekämpft hat und jeden Tag arbeitet, dann müssten sie allerdings auch grundsätzliche Fragen aufwerfen. Denn wenn ein materiell armes Land ohne große Ressourcen es schafft, sozialen Frieden und Sicherheit, Chancengleichheit, Zugang zu Bildung, medizinische Versorgung und Katastrophenschutz –

sogar für andere Länder, wie mit Ärztebrigaden in Westafrika oder Haiti – zu gewährleisten, was wäre dann erst innerhalb der industrialisierten Länder des Nordens möglich? Warum werden einfache Menschenrechte wie das Recht auf Arbeit, auf Wohnraum, Nahrung, körperliche Unversehrtheit oder »gleicher Lohn für gleiche Arbeit« in viel reicheren Ländern oft in deutlich geringerem Umfang erfüllt?

Doch die bürgerlichen Medien stellen den Wunsch nach einer besseren Welt lieber als unerreichbar dar und führen an, dass eine »andere Welt« mit inakzeptablen Einschränkungen der individuellen Freiheiten verbunden wäre. Gelegentlich argumentieren sie, dass die Gewährleistung der wirtschaftlichen, sozialen und kulturellen Menschenrechte immer eine Einschränkung der bürgerlichen und politischen Menschenrechte mit sich bringen würde, wie das Beispiel Kubas zeige. Das Thema wird weiter instrumentalisiert werden, auch um zu belegen, dass in einer sozialistischen Gesellschaft Rechte wie Meinungs- und

Durchschnittliche Lebenserwartung
zum Zeitpunkt der Geburt im Jahr 2014

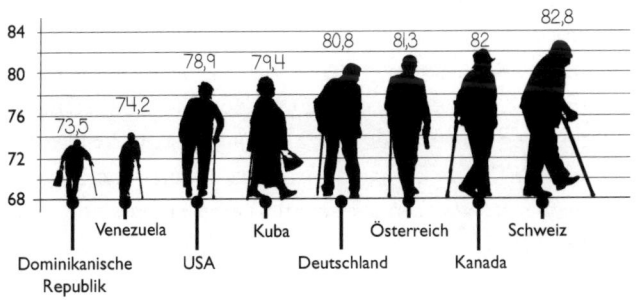

Quelle: Weltbank

Versammlungsfreiheit prinzipiell beschnitten würden. Letztendlich soll die so genannte »Alternativlosigkeit« des kapitalistischen Systems begründet werden.

2016 wurde der Begriff »post truth«[7] zum internationalen Wort des Jahres gekürt. Damit wird auch eine Art der Berichterstattung beschrieben, die sich nicht mehr auf Fakten konzentriert, sondern einzig und allein auf die Verbreitung einer bestimmten Meinung abzielt. In Bezug auf Berichte über die Lage der Menschenrechte auf Kuba wird seit Jahren genau diese post-faktische Haltung angewendet, doch bis heute hat das kaum jemanden interessiert.

1 Fidel Castro (2004): Rede auf der Kundgebung zum
  1. Mai 2004
  http://www.cuba.cu/gobierno/discursos/2004/ale/f010504a.
  html
2 Hernando Calvo Ospina / Katlijn Declerq: Originalton Miami.
  Die USA, Kuba und die Menschenrechte, Papyrossa Verlag
3 Entspricht ungefähr 28 Euro (Stand Dezember 2016)
4 https://www.laenderdaten.info/lebenserwartung.php
  (zuletzt abgerufen am 8.12.2016)
5 Index für menschliche Entwicklung, der nicht nur das
  National- und das Pro-Kopf-Einkommen berücksichtigt,
  sondern den Entwicklungsstand eines Landes
  anhand weiterer Indikatoren wie Lebenserwartung,
  Alphabetisierung, Bildungsgrad und geschlechterspezifische
  Ungleichheit beurteilt.
6 Der Gini-Koeffizient beschreibt unter anderem das Maß der
  Gleichheit oder Ungleichheit der Verteilung von Vermögen
  oder Einkommen.
7 Der Begriff steht für »postfaktisch« und bezeichnet ein
  politisches Denken und Handeln, bei dem Fakten nicht
  mehr im Mittelpunkt stehen. Die Wahrheit einer Aussage
  tritt hinter den Effekt der Aussage auf die eigene Klientel
  zurück.

Medienlandschaft im Umbruch

In Bezug auf Meinungs- und Pressefreiheit gilt das sozialistische Kuba aus westlicher Sicht als Schurkenstaat. Die kaum kritisch hinterfragten »Reporter ohne Grenzen« (ROG) markieren Kuba Jahr für Jahr als schwarzen Fleck auf der Landkarte. »Die Staatsmedien haben eine Quasi-Monopolstellung und dienen als Propagandainstrumente der Regierung. [...] Unabhängige Journalisten und Blogger werden systematisch eingeschüchtert, verfolgt und als ›Söldner feindlicher Mächte‹ diffamiert.«, heißt es auf dem ROG-Länderportal zu Kuba, das auf deren Rangliste Platz 171 von 180 einnimmt.[1]

Kubas Staatspräsident wird von der viel zitierten und vermeintlich unabhängigen NGO darüber hinaus seit Jahren noch eine besondere »Ehre« zuteil: Raúl Castro wird als einer von 35 »Feinden der Pressefreiheit« aufgeführt, in dessen Land die Situation unabhängiger Journalisten »unverändert katastrophal« sei.[2]

Sieht man sich die ominöse Liste der 1985 in Montpellier gegründeten Organisation allerdings im Detail an, tauchen unweigerlich ein paar Ungereimtheiten auf. So befinden sich im Ranking weit vor Kuba Länder wie Saudi-Arabien (165), Ägypten (159) und Mexiko (149), in denen nicht nur die Verfolgung von kritischen JournalistInnen an der Tagesordnung sind, sondern oftmals auch deren Ermordung. In Mexiko beispielsweise wurden seit dem Jahr 2000 mehr als achtzig Medienschaffende getötet.[3]

Den deutschsprachigen Ländern Schweiz (Platz 7), Österreich (11) und Deutschland (16), wird dagegen ein überaus gutes Zeugnis ausgestellt. Kritischen Journalisten, die sich vor Ort für Meinungsvielfalt einsetzen, erfahren jedoch täglich, wie stark die Medien in diesen Staaten von wenigen großen Konzernen dominiert sind.

Recherchiert man etwas genauer zu der Liste und ihren Herausgebern, wird noch deutlicher, dass die Daten mit Vorsicht zu genießen sind: »Grundlage der Rangliste ist ein Fragebogen zu allen Aspekten unabhängiger journalistischer Arbeit, den Reporter ohne Grenzen in 20 Sprachen an Hunderte Journalisten, Wissenschaftler, Juristen und Menschenrechtsverteidiger weltweit sowie an sein eigenes Korrespondentennetzwerk verschickt«, vermelden die ROG stolz auf ihrer Homepage.[4]

Gehen wir wohlwollend davon aus, dass der Fragebogen an insgesamt 1.000 Menschen verschickt wird, ergibt das durchschnittlich pro Land maximal sechs Personen, die befragt wurden. Bei einem kleinen Land wie Kuba sind es vermutlich nicht einmal drei handverlesene »Experten«.[5] Woher diese kommen, wird deutlich, wenn man sich die Schmäh-Seite über Raúl Castro als Feind der Pressefreiheit zu Gemüte führt. Den Angaben eines gewissen »kubanischen« Instituts namens »Free Speech and Press Freedom (ICLEP)«[6] zufolge befanden sich Ende 2016 zwei Journalisten in kubanischen Gefängnissen. Das Institut hat seinen Sitz in Miami (USA), sein Direktor ist Normando Hernández González, der sich seit 2010 im Exil befindet und vom George W. Bush Institute unterstützt wird.

Doch die ROG stehen nicht nur wegen zu hinter-
fragenden Methoden im Zwielicht. Der Verein wird
sowohl von der französischen als auch von der US-
Regierung bezahlt, u.a. über die im Kalten Krieg von
Präsident Reagan gegründete US-Stiftung National
Endowment for Democracy. Diese untersteht dem
US-Außenministerium und bezieht 90 Prozent ihrer
Gelder aus dem US-Staatshaushalt. Viele Kritiker wer-
fen ROG einseitige Berichterstattung über die Ver-
folgung von Journalisten vor. Die Auswahl der Län-
der orientiere sich an der Schwarzen Liste des State
Department, während über Aktivitäten gegen Jour-
nalisten in den Vereinigten Staaten und verbündeten
Ländern geschwiegen werde.[7]

Es ist freilich nicht nur eine Organisation, die Kuba
im Bereich Meinungsfreiheit kritisiert. »Auf Kuba
werden die Rechte auf freie Meinungsäußerung, Ver-
einigungs- und Versammlungsfreiheit noch immer
massiv verletzt«[8], stellt die deutsche Kuba-Koordina-
tionsgruppe von Amnesty International mit Sitz in
Aachen fest. Die Medien plappern nach und rufen
im Chor: »Die politische Opposition und unliebsame Journalisten werden mit unverminderter Bru-
talität verfolgt.«[9] Vorurteile, nach denen es in Kuba
landesweit lediglich eine »staatliche« Tageszeitung und einen offiziellen TV-Sender gäbe, werden gebetsmühlenartig wiedergekäut, bis es auch der
letzte Leser begriffen hat, dass in dieser »kommunistischen Diktatur« weder das Recht noch die Möglichkeit gewährleistet sind, den Artikel 19 der Allgemeinen Erklärung der Menschenrechte[10] zu erfüllen.

Doch wie sieht es in Kuba tatsächlich mit der Meinungsfreiheit aus? Traut sich auf der Insel wirklich niemand Kritik zu üben aus Angst, ins Gefängnis gesteckt zu werden?

Debatten und Kritik sind normal

Zum Glück hatte der Autor dieses Kapitels im Jahr 2007 die Möglichkeit, ein halbes Jahr in Kuba zu verbringen[11], um sich ein Bild vor Ort zu machen und mit Menschen aus allen Lebensbereichen und Altersgruppen zu sprechen. Wäre es tatsächlich so, dass Kritik an Regierung und Behörden dort unterdrückt würde oder sogar zu Inhaftierungen führte, würden die Gefängnisse aus allen Nähten platzen. Die Kubaner*innen sind – klischeehaft über einen Kamm geschert – ein extrem kommunikatives Volk. An jeder Bushaltestelle, in jedem Park und im kleinen Kreis der Familie wird lebhaft und teils heftig über dieses und jenes diskutiert und gestritten. Die Kubaner*innen sind, ähnlich den Wiener*innen, ständig am kritisieren. Am liebsten über die Verwaltung, die Politik, den öffentlichen Verkehr und darüber, was alles in Kuba nicht funktioniert und wie man es besser machen müsste. Dabei nehmen sie kein Blatt vor den Mund und scheuen auch nicht davor zurück, Probleme direkt in den Institutionen anzusprechen.

Fernando, unser Spanisch-Professor in Havanna, beschwerte sich zum Beispiel in den Rauchpausen immer wieder über die mühsamen Busverbindungen und darüber, wie früh er das Haus verlassen müsse, um rechtzeitig an seiner Arbeitsstelle zu sein. Darauf angesprochen, was er denn dagegen unternehme, entgegnete er, dass er seit langem in der Gewerkschaft aktiv sei und dieses Thema immer wieder zur Sprache komme. Die Lage habe sich seit Ende der 90er Jahre zwar massiv verbessert, aber es gebe noch viel zu tun, um den Transport zu optimieren. Ein besonders eindrucksvolles Erlebnis hatten wir bei einem Treffen mit Sprachstudent*innen. Auf die Frage eines österreichischen Studenten der Politikwissenschaft, warum die Kubaner*innen nicht gegen Missstände auf die Straße gehen und protestieren würden, reagierte sein kubanischer Kollege verblüfft: »Warum sollen wir eine Demonstration machen, wenn unsere Regierung die Probleme kennt?«. In Europa würde man ihm ob dieser rhetorischen Frage wohl Naivität vorwerfen. Doch angesichts der Durchdringung der kubanischen Gesellschaft mit demokratischen Mitsprachemöglichkeiten vom Wohnviertel bis zur Nationalversammlung und der Gewissheit, dass die kubanische Regierung auf ihrer Seite steht, leuchtet die Entgegnung des Studenten ein.

Selbstverständlich läuft auch in Kuba nicht alles nach Plan und es braucht Medien, die nicht nur als Verlautbarungsorgane agieren, sondern Missstände aufzeigen. Und es ist niemand geringerer als der Staatspräsident selbst, der diese Funktion der Presse immer wieder einfordert. In der von der Kommunistischen Partei herausgegebenen überregionalen Tageszeitung »Granma« werden regelmäßig »Briefe an die Redaktion« veröffentlicht. Auch die »Juventud Rebelde«, die Zeitung der Kommunistischen Jugend, stellt ihren Lesern Platz zur Verfügung, um ihre Unzufriedenheit öffentlich zu machen. »Wir müssen uns daran gewöhnen, uns die Wahrheit zu sagen, aufrecht, und uns dabei in die Augen sehen«, forderte Castro bereits 1994 als Minister der Revolutionären Streitkräfte Kubas in einem Interview in der »Granma«. Als erster Mann im Staat wiederholte er bereits mehrmals die Aufforderung, eine offene Debatte über soziale und gesellschaftliche Probleme in der kubanischen Gesellschaft zu führen.

Dieser Aufgabe widmen sich seit geraumer Zeit auch immer mehr kubanische Blogger*innen, die neben den zahlreichen Provinz-Zeitungen und gedruckten Medien von Gewerkschaften und sozialen Organisationen immer mehr Leser*innen online erreichen, was Dank einer wachsenden Verbreitung des Internets in Kuba möglich ist.

Auf die Frage, ob es Meinungsfreiheit in Kuba gibt, hat der bekannte Blogger Iroel Sánchez (»La pupila insomne«[12]) eine klare Antwort: »Nun, da muss man sich nur die Blogs in Kuba ansehen, um diese Frage zu beantworten. Dazu möchte ich sagen, dass es in Kuba keinen inhaftierten Blogger gibt, was in lateinamerikanischen Vergleich keine Selbstverständlichkeit ist.«[13]

1 Reporter ohne Grenzen – Rangliste der Pressefreiheit: www.reporter-ohne-grenzen.de/weltkarte, Stand: Dezember 2016
2 »Cuba is by far the western hemisphere's most hostile country towards media freedom.« – https://www.reporter-ohne-grenzen.de/fileadmin/Redaktion/Presse/Downloads/Feinde_der_Pressefreiheit/Feinde_der_Pressefreiheit_2016_-_Reporter_ohne_Grenzen.pdf (S. 13); Dezember 2016

3 Reporter ohne Grenzen – Mexiko:
https://www.reporter-ohne-grenzen.de/mexiko ;
Stand: Dezember 2016

4 Methodik der Rangliste (S. 8):
https://www.reporter-ohne-grenzen.de/uploads/tx_lfnews/
media/Rangliste_der_Pressefreiheit_2016.pdf
(Hervorhebung MW)

5 Bereits 2003 wurde die methodische Vorgehensweise
der Organisation in der Journalismus-Fachzeitschrift
Message kritisiert: lediglich drei Experten wurden pro
Land mit dem Ausfüllen des Fragebogens, der das einzige
Instrument für die Indexbildung darstellte, beauftragt.
Auch die Unabhängigkeit dieser Experten war nicht immer
zweifelsfrei gegeben. Siehe dazu: Hessel, Alexander &
Michael Haller (2003): »Auf die Plätze. World Press Freedom
Index von Reporter ohne Grenzen: moralisch legitim,
doch handwerklich nicht einwandfrei«. In: Message,
Internationale Fachzeitschrift für Journalismus 01, S. 50–55.

6 Instituto Cubano por la Libertad de Expresión y Prensa
(ICLEP): iclep.org

7 vgl. Volker Bräutigam (2006): »Reporter ohne
Scham-Grenzen«, in: www.rundfunkfreiheit.de (Link ins
Archiv: http://bit.ly/2hmefgY) und Jörg Becker: »Weder NGO
noch kritisch«, in: Neues Deutschland, 30. April 2011

8 Flugblatt der Kuba Koordinationsgruppe der
AMNESTY INTERNATIONAL Sektion der Bundesrepublik
Deutschland e.V.: http://www.amnesty-kuba.de/files/dateien/
Flugblatt%20Innenteil%20012016.pdf

9 Peter B. Schumann: »Ist Kuba wirklich libre?«,
in: deutschlandfunk.de, 5. 7. 2015
(Kurzlink: http://bit.ly/2hmuECa)

10 »Jeder Mensch hat das Recht auf freie Meinungsäußerung;
dieses Recht umfasst die Freiheit, Meinungen
unangefochten anzuhängen und Informationen und
Ideen mit allen Verständigungsmitteln ohne Rücksicht auf
Grenzen zu suchen, zu empfangen und zu verbreiten.«
(Art. 19 der Allgemeinen Erklärung der Menschenrechte,
10. Dezember 1948)

11 Studium der Philosophie und Geschichte an der Universität
von Havanna von 31. Jänner 2007 bis 18. Juli 2007,
Reisetagebuch: aufnachhavanna.at

12 lapupilainsomne.wordpress.com

13 »Unser Projekt unter neuen Bedingungen verteidigen" –
Interview mit Iroel Sánchez:
https://amerika21.de/analyse/125679/
iroel-sanchez-kuba-usa ; 13. 9. 2015

LENA KREYMANN
Ein Beispiel für Lateinamerika

Jährlich fegen im September und Oktober Wirbelstürme über die Karibik. Wo sie auf Land treffen, reißen sie Hausdächer mit sich, entwurzeln Palmen, schleudern Autos durch die Luft und überschwemmen ganze Städte. Anfang Oktober 2016 wütete »Matthew«, der stärkste Hurrikan seit einem Jahrzehnt, in Haiti, traf den Osten Kubas und passierte dann die Ostküste der USA. In den Vereinigten Staaten verloren mindestens zwei Dutzend Menschen ihr Leben, Tausende Haushalte waren ohne Strom. In Haiti hinterließ »Matthew« rund 1000 Tote. Tausende verloren ihre Häuser, die Trinkwasserversorgung brach zusammen. Medien berichteten von Plünderungen, Schießereien und einem Choleraausbruch. Auf der sozialistischen Nachbarinsel richtete der Sturm schwere Schäden an – doch niemand verlor hier sein Leben.

Kuba verfügt seit Jahrzehnten über effektive Maßnahmen zur Vorsorge bei Naturkatastrophen. Menschenleben haben hier oberste Priorität. Die Zahl der Toten und Verletzten ist dadurch oft geringer als in der größten Industrienation der Welt – ganz zu schweigen von Haiti, das nach dem Human Development Index 2015, dem Wohlstandsindikator der Vereinten Nationen, zu den 30 ärmsten Ländern der Welt gehört.[1]

Die Unterschiede im Lebensstandard zwischen den beiden Inselstaaten sind heute überdeutlich: Nach Daten der Weltbank[2] können in Kuba 99,7 Prozent der Bevölkerung lesen und schreiben und damit mehr als in jedem anderen lateinamerikanischen Land. Die Lebenserwartung lag 2014 bei 79,4 Jahren und ist damit höher als in den USA. In Haiti sind nur 60,7 Prozent aller Erwachsenen alphabetisiert. Durchschnittlich leben die Menschen dort 62,7 Jahre. Dabei teilen die beiden Inselstaaten einen großen Teil ihrer Geschichte. Beide wurden 1492 von Christoph Columbus im Auftrag der spanischen Krone angelaufen, die Insel Hispaniola (Haiti) wurde zur ersten Kolonie des Königreichs in Lateinamerika. Während Haiti sich bereits 1804 mit einer Revolution aus der Kolonialherrschaft befreite, sollte in Kuba erst rund 100 Jahre später eine Scheinrepublik unter Vorherrschaft der Vereinigten Staaten ausgerufen werden. Elend herrschte beiderorts. Kuba galt als Bordell und Vergnügungspark für wohlhabende US-Amerikaner. 13 nordamerikanische Firmen hatten 47 Prozent des Anbaugebiets von Zuckerrohr unter sich aufgeteilt, während 70 Prozent der Bauern keinen Quadratmeter Land besaßen. Nicht einmal die Hälfte der Kinder ging zur Schule.[3]

Mit der kubanischen Revolution änderte sich 1959 das Bild schlagartig: Noch im gleichen Jahr wurden die Mieten halbiert, US-amerikanische Großgrundbesitzer in einer ersten Agrarreform enteignet. Zwei Jahre später zogen Tausende junge Menschen aus, um der gesamten Bevölkerung auch im entlegensten Winkel des Landes Lesen und Schreiben beizubringen. Nur drei Jahre später besaßen 100.000 Kleinbauern eigenen Boden, die medizinische Versorgung hatte sich vervierfacht, den Landarbeitern wurde ganzjährig Arbeit garantiert, es gab 60.000 Stipendien für weiterführende Bildung. Mit dieser Bilanz richteten sich die Kubaner 1962 in der Zweiten Deklaration von Havanna[4] an ihre lateinamerikanischen Brüder und Schwestern. Mit der Ausnahme von Mexiko hatten kurz zuvor sämtliche Staaten des Subkontinents unter dem Druck der USA den diplomatischen Kontakt abgebrochen und sie aus der Organisation Amerikanischer Staaten ausgeschlossen. »Was verbirgt sich hinter dem Hass der Yankees gegen die kubanische Revolution? Was erklärt rational die Verschwörung, die die reichste imperialistische Macht mit den Oligarchien eines ganzen Kontinents gegen ein Volk von sieben Millionen vereint (…)? Es ist die Angst. (…) Nicht die Angst vor der Kubanischen Revolution; die Angst vor der lateinamerikanischen Revolution«, heißt es in der Deklaration. Sie lässt keinen Zweifel daran, dass die Entwicklung des sozialistischen Staats nicht von der des gesamten Subkontinents zu trennen ist: »Was ist die Geschichte Kubas anderes als die Geschichte Lateinamerikas?«

Dieses Bewusstsein wurzelt in der gemeinsamen Erfahrung der antikolonialen Befreiungskämpfe. Für die Vision eines vereinten Lateinamerikas steht der 1783 in Caracas geborene Simón Bolívar, der für die Unabhängigkeit Lateinamerikas kämpfte und als »El Libertador« (der Befreier) in die Geschichte des Kontinents eingegangen ist. Der 1853 in Havanna auf die Welt gekommene Intellektuelle José Martí, Vordenker der kubanischen Unabhängigkeit, griff diesen Gedanken Ende des 19. Jahrhunderts auf: Sein berühmtestes Essay trägt den Namen »Unser Amerika«. Darin geißelt er die US-amerikanische Vorherrschaft über den Kontinent und stellt dieser die Idee einer antiimperialistischen Allianz gegenüber.

Orientierung für fortschrittliche Kräfte

Diese Ideen haben die kubanische Revolution maßgeblich geprägt. Ernesto »Che« Guevara, der als gebürtiger Argentinier an der Seite Fidel Castros kämpfte, erklärte 1964 vor den Vereinten Nationen, er fühle sich so sehr als lateinamerikanischer Patriot, dass er für die Befreiung jedes Landes auf dem Subkontinent jederzeit sein Leben geben würde, ohne etwas als Gegenleistung zu verlangen. Dieser Satz klingt heute wie eine Vorahnung: Nur drei Jahre später starb Guevara im bolivianischen Guerillakampf.

Fortschrittliche Kräfte in der Region zu unterstützen war von Anfang an eine fester Bestandteil von Kubas internationalistischem Engagement. Revolutionären, Befreiungstheologen und Kritikern der imperialistischen Unterdrückung gilt Kuba bis heute als Musterbeispiel für einen lateinamerikanischen Weg aus der sozialen Misere. 1971 stärkte Fidel Castro mit einer Reise nach Chile dem sozialistischen Präsidenten Salvador Allende den Rücken. Doch die Mehrheit der lateinamerikanischen Staaten, die unter US-amerikanischer Vorherrschaft standen, verbannten Kuba politisch wie wirtschaftlich in die Isolation.

Während das sozialistische Land für fortschrittliche Kräfte ein wichtiger Bezugspunkt ist und konkrete Unterstützung leistet, braucht es die anderen Staaten der Region als Handelspartner und politische Mitstreiter gegen den Imperialismus. Wie gegenseitige Hilfe erfolgreich funktioniert, zeigt das Staatenbündnis ALBA (Alianza Bolivariana para los Pueblos de Nuestra América, die »Bolivarianische Allianz für die Völker unseres Amerika«), ein Gegenentwurf zu

Plänen der USA für einen von ihnen dominierten Zusammenschluss. ALBA war ursprünglich bloß ein Abkommen zwischen Caracas und Havanna zur politischen, wirtschaftlichen und sozialen Zusammenarbeit. Doch das Bündnis strahlte rasch aus; inzwischen haben sich neun weitere Länder der Allianz angeschlossen, darunter Bolivien und Ecuador. Gemeinsame Projekte sollen für die breite Bevölkerung die Lebensqualität erhöhen: Dank des kubanischen Programms »Yo Sí Puedo« gibt es in Venezuela, Nicaragua, Bolivien und Ecuador heute keinen Analphabetismus mehr. Das Projekt zur Heilung von Augenkrankheiten, »Operación Milagro« hat weit über den ALBA-Raum hinaus Millionen Menschen ihre Sehfähigkeit zurückgegeben.[5]

Übersetzt heißt das Wort »alba« Morgenröte – ein Zeichen der Aufbruchstimmung: Der Kontinent ist aus der Hoffnung auf bessere Lebensbedingungen und echte Unabhängigkeit, insbesondere von den USA, enger zusammengewachsen. Das spiegelt sich auch in anderen Zusammenschlüssen der Region wider, in denen der Gedanke einer lateinamerikanischen Einheit Einzug erhalten hat. Während über Jahrzehnte der Ausschluss Kubas aus den US-dominierten regionalen Bündnissen die Regel war, forderte beim Amerikagipfel 2012 die Mehrzahl der lateinamerikanischen Teilnehmer, Kuba ebenfalls zu diesem Treffen der Staatschefs des Doppelkontinents einzuladen. Washington musste sich dem Druck schließlich fügen und 2015 beteiligte sich Kuba erstmals an dem Treffen. Doch so sehr sich die USA auch genötigt sehen, gegenüber Havanna einen anderen Ton anzuschlagen, so vehement greifen sie direkt oder indirekt die linken

Bewegungen und Regierungen der Region an. Schließlich weiß man auch im Weißen Haus: Kuba braucht Lateinamerika und Lateinamerika braucht Kuba. Ein erneutes Erstarken rechter Kräfte würde den wiedergewonnenen politischen und ökonomischen Handlungsspielraum Havannas erneut einschränken.

1 http://hdr.undp.org/sites/default/files/
  2015_human_development_report.pdf, 23. 11. 2016
2 http://databank.worldbank.org/data/, 23. 11. 2016
3 Galeano, Eduardo: Las venas abiertas de América Latina,
  Madrid 2009, S. 99f.
4 http://www.pcc.cu/pdf/documentos/otros_doc/
  segunda_declaracion_habana.pdf, 23. 11. 2016
5 Rubio, Modaira: Keine Chimäre von Chávez. In: ALBA,
  Beilage zur Tageszeitung junge Welt, Mittwoch, 23. 07. 2014,
  S. 3

VOLKER HERMSDORF
Die Jugend als Objekt der Begierde

Bei gutem Wetter kommen auf der acht Kilometer langen Küstenstraße Malecón in Havanna jedes Wochenende Hunderte junge Kubaner*innen zusammen. Für viele Jugendliche ist die Promenade ein angesagter Treffpunkt. Im Outfit, dem Faible für Smartphones und ihrer Musikbegeisterung unterscheiden sie sich kaum von den Altersgenossen in lateinamerikanischen Nachbarländern. Und doch ist vieles in Kuba völlig anders. Die Atmosphäre wirkt weniger aggressiv und wer nachts am Malecón entlang schlendert, fühlt sich niemals bedroht, sondern wird mitgerissen von der einzigartigen heiteren Stimmung. Marodierende Jugendbanden wie die berüchtigten »Maras«, die in El Salvador, Honduras, Guatemala und anderen lateinamerikanischen Ländern Angst und Schrecken verbreiten, sind unbekannt. Auch Mafiastrukturen wie in Miami gibt es nicht.

Einer der deutlichsten Unterschiede zwischen kubanischen Jugendlichen und denen im Rest der Welt ist jedoch nicht sichtbar: Wie wohl in keinem anderen Land ist die Jugend Kubas das Objekt der Begierde ausländischer Geheimdienste. Auch Parteien, deren Stiftungen, Medienunternehmen und vorgebliche Nichtregierungsorganisationen (NGOs) des Westens investieren Millionen, um Kuba nach ihren Vorstellungen zu verändern. Ihre tatsächlichen Absichten tarnen sie als »freundliches Angebot zur Förderung der kubanischen Jugend« und wer sich darauf einlässt, hat meistens keine Ahnung, unter wessen Fittiche er sich begibt.

Millionen Dollar für die Beeinflussung

So erging es auch Alejandro Sánchez Fernández, als er 2016 mit anderen kubanischen Jugendlichen an einem »Sommerprogramm« der Organisation »World Learning« teilnahm. »Es gefiel uns, einmal in die Vereinigten Staaten zu reisen und eine andere Realität – weit von unseren Eltern entfernt – kennenzulernen«, erzählt er.[1] Die »Nichtregierungsorganisation« mit Sitz in Washington und Vermont hatte Mittel- und Oberstufenschüler*innen im Alter von 16 bis 18 Jahren Stipendien für einen »interkulturellen Austausch« in den USA angeboten. »World Learning« übernahm sämtliche Kosten für Visa, Reise, Unterkunft, Verpflegung sowie Spesen und zahlte auch noch ein Taschengeld. In den Vereinigten Staaten bemerkten Alejandro und die anderen »Stipendiaten« dann, dass es in dem Programm nicht um Kulturaustausch oder Wissensvermittlung ging, sondern darum, die Jugendlichen als Aktivisten für einen Systemwechsel anzuwerben. »Sie wollten, dass wir … ›Botschafter der Vereinigten Staaten‹ in Kuba würden und ihnen bei der Rekrutierung neuer Jugendlicher für ihr Stipendium behilflich wären«, berichtete der Schüler nach seiner Rückkehr.[2]

Die getäuschten Jugendlichen wussten nicht, dass »World Learning« eine Nachfolgeorganisation der »Delphi International Group« ist. Deren weltweiten Programme wurden von der angeblichen US-Hilfsorganisation USAID, die tatsächlich geheimdienstliche Aufgaben übernimmt, und dem von US-Präsident Ronal Reagan 1983 gegründeten Dienst »National Endowment for Democracy« (NED)[3] mit Millionen finanziert. In Nicaragua hatte »Delphi International«

im Februar 1990 wesentlich zum Wahlerfolg eines rechten Bündnisses beigetragen. Über das Ziel der internationalen Ausbildungstätigkeit von »World Learning« schreibt deren Chef Donald Steinberg: »Unsere Programme unterstützen die nächste Generation … bei der Veränderung ihrer Länder«. Bevor Steinberg den Posten bei der angeblichen NGO übernahm, arbeitete er unter anderem als Abteilungsleiter im Weißen Haus, im US-Außenministerium und als Washingtons Botschafter in Angola.[4]

»Wir sind nur Teil eines großen Puzzles«, beschrieb Alejandro in der kubanischen Fernsehsendung »Runder Tisch« die Eindrücke der getäuschten Stipendiaten. Im Herbst 2016 protestierten Tausende kubanische Schüler*innen und Student*innen gegen den Versuch der US-Organisation, sie für ihre politischen Zwecke zu missbrauchen. »Wir haben es nicht nötig, dass einer kommt, um uns zu sagen, wie das Projekt des Landes aussehen soll, das wir für die Zukunft wollen und vor allem nicht, wenn diese Vorschläge aus dem Norden kommen, von wo aus man immer versucht hat, uns die kapitalistische Kultur einzuflößen«, sagte die Vorsitzende des Studentenverbandes (Federación Estudiantil Universitaria, FEU) Jennifer Bello.[5]

Die kapitalistische Kultur und Lebensart hatte US-Präsident Barack Obama jedoch durchaus im Blick, als er am 22. März 2016 im Großen Theater von Havanna ausrief: »Ich appelliere an die Jugend Kubas, die etwas Neues aufbauen, sich erheben muss.«[6] Ohne die Aggressionen, die in den letzten Jahrzehnten von den USA ausgingen, zu erwähnen – als Beispiele seien nur die Invasion in der Schweinebucht, das US-Gefängnis und Folterzentrum in der Bucht von Guantánamo, der von Miami aus organisierte Terror gegen Menschen und Einrichtungen auf Kuba oder die seit über 55 Jahren bestehende US-Blockade genannt – forderte Obama die kubanischen Jugendlichen auf, sich »nicht von der Geschichte gefangen nehmen zu lassen«.[7] Ein Satz, der Erinnerungen an die frühe Bundesrepublik weckt, als einige, noch der NS-Ideologie verhaftete Lehrer unbequeme Fragen von Schülern nach den Verbrechen der Elterngeneration abzuwürgen versuchten. Kubanische Jugendliche sollen offenbar nicht nur die Angriffe auf ihr Land vergessen, sondern auch die Lebensbedingungen unter den US-freundlichen Diktaturen vor dem Sieg der Revolution. Das Negieren geschichtlicher Erfahrungen gehört zum Standardrepertoire der neoliberalen Gegenoffensive in Lateinamerika. Kuba steht dabei immer im Fokus, egal ob der Chef im Weißen Haus gerade Reagan, Bush, Clinton, Obama oder Trump heißt.

Kurz nach Obamas Abreise aus Kuba wurde ein neues Projekt zur Destabilisierung des Sozialismus auf der Insel bekannt. Dafür stellte Washington insgesamt 753.989 Dollar (rund 675.000 Euro) bereit. Der US-Journalist Tracey Eaton veröffentlichte in seinem Blog »Along the Malecón« Einzelheiten über das im August 2016 angelaufene, auf drei Jahre angelegte neue Einmischungsprogramm.[8] Dessen vorrangiges Ziel besteht in der Auswahl, dem Aufbau und der Ausbildung von künftigen »Anführern der kubanischen Zivilgesellschaft«. Diese Aufgabe liegt formal bei mehreren NGOs, tatsächlicher Träger ist aber das »Bureau of Western Hemisphere Affairs« (WHA) des US-Außenministeriums. Laut dessen Ausschreibung sollen bis zu 30 Kubaner*innen im Alter zwischen

20 und 35 Jahren angeworben werden, vorzugsweise Hochschulabsolventen oder mit abgeschlossener Berufsausbildung. Ihre »erste Orientierung« erfolgt in Kuba, der Hauptteil der »Ausbildung« in drei Stufen in den USA. In der ersten Phase lernen sie unter anderem die »professionelle Anwendung« moderner Informations- und Kommunikationstechnologien. Das zweite Ausbildungssegment besteht aus »Praktika« bei »erfahrenen und gut organisierten NGOs«. Im dritten Abschnitt geht es um »Planung und Netzwerkarbeit«. Hier sollen die künftigen »Kader« (O-Ton WHA) mit Hilfe ihrer US-Trainer einen »Aktionsplan für Aktivitäten in Kuba« entwickeln. Sie sollen auch lernen, sich mit »zivilgesellschaftlichen Organisationen« in anderen Ländern zu vernetzen. Voraussetzung für die Teilnahme ist die Bereitschaft, Ende 2019 nach Kuba zurückzukehren, heißt es in der Ausschreibung. Die Teilnehmer müssen sich verpflichten, dort »unabhängige Organisationen« aufzubauen, um die Entwicklung »demokratischer Prinzipien« voranzutreiben. Mit diesem Programm, so erklärt das WHA ganz im Stil der früheren Kolonialherren, wollen die USA »Kubaner in die Lage versetzen, frei über ihre eigene Zukunft zu entscheiden«.

Mit der »freien Entscheidung der Kubaner« ist es bei genauerer Betrachtung allerdings nicht sehr weit her. Die US-Behörde verlangt ausdrücklich, dass alle späteren Aktivitäten der Trainees in Kuba nur in »enger Abstimmung mit dem WHA« entwickelt werden dürfen. Wayne Smith, ein ehemaliger Leiter der US-Interessenvertretung in Havanna, gestand freimütig ein, worum es den USA in Kuba tatsächlich geht. »Demokratie und Menschenrechte interessieren uns wenig«, bekannte Smith. »Wir benutzen diese Worte nur, um den wirklichen Grund zu verschleiern.« Auch »Dissidenten und Menschenrechtsgruppen«, sagte der Ex-Diplomat, seien »Leute, die nur so lange wichtig für uns sind, wie sie dem einen Zweck dienen: der Destabilisierung des Regimes.«[9]

Europäer fördern den Systemwechsel

Neben den unterschiedlichen Diensten der Vereinigten Staaten versuchen auch Parteien, Stiftungen und Medienunternehmen aus Europa, Jugendliche für eine »sanfte Revolution« in Kuba zu rekrutieren. Diese Aktivitäten sind meist konspirativ. Hin und wieder kommen durch Zufall jedoch Details ans Licht. So beispielsweise, als der spanische Agent Ángel Carromero im Juli 2016 in der Nähe der ostkubanischen Stadt Bayamo einen Autounfall verursachte, bei dem die einheimischen Systemgegner Oswaldo Payá und Harold Cepero ums Leben kamen, die mit ihm im Auto saßen. Der Jungpolitiker Carromero war von der rechtskonservativen spanischen Volkspartei (Partido Popular) in geheimer Mission nach Kuba geschickt worden und dort als Tourist eingereist. Nach dem Unfall gestand er, dass er den Auftrag hatte, der Tochter von Payá mehrere tausend Euro Bargeld und Ausrüstungsmaterialien für den Aufbau einer oppositionellen Jugendorganisation zu überbringen.

Bei den Versuchen, oppositionelle Jugendstrukturen auf der Insel aufzubauen, kennt der Einfallsreichtum der Gegner des kubanischen Gesellschaftssystems keine Grenzen. Im Dezember 2014 veröffentlichte die

Nachrichtenagentur AP Dokumente, die belegen, dass USAID im Jahr 2008 ein Projekt gestartet hatte, um mit Rappern und anderen Musikern eine gegen die Revolution gerichtete Jugendbewegung aufzubauen. Um ihre Ziele zu verschleiern, hatte die Organisation die in Washington ansässige Firma »Creative Associates International« für Millionen Dollar mit der Umsetzung beauftragt. Diese richtete wiederum eine Briefkastenfirma in Panama ein, heuerte Helfer auf den British Virgin Islands in der Karibik und eine Anwaltskanzlei in Liechtenstein an, um die kubanischen Behörden über die Herkunft der Finanzen und den Fluss des Geldes zu täuschen. »Creative Associates International« schickte den serbischen Otpor-Aktivisten[10] Rajko Božić nach Kuba. In Serbien hatte der in Kuba als harmloser »Musikpromotor« auftretende Agent im Jahr 2000 Protestkonzerte organisiert, die zum Sturz des damaligen Präsidenten Slobodan Milošević beitrugen. Er verfügte also über die gewünschte Erfahrung zur Vorbereitung eines Umsturzes. In Kuba sprachen Božić und seine Helfer rund 200 junge Musiker an, lockten mit Reisen nach Europa, versprachen Konzertverträge und Videoclips, organisierten TV-Shows und Festivals.[11]

Vergleichsweise harmlos, doch dem gleichen Ziel verpflichtet, nimmt sich dagegen eine Initiative der sich gern linksliberal gebenden bundesdeutschen »tageszeitung« (taz) aus. In 1990er Jahre hatte die »taz« schon beim NATO-Angriff gegen Jugoslawien kräftig mitgemischt und sich vehement für den Krieg eingesetzt. Seit 2015 lädt ihre »Panter Stiftung« – mit finanzieller Unterstützung des Auswärtigen Amtes – nun junge Kubaner*innen zu »Workshops« über

»unabhängigen Journalismus« in die Bundesrepublik ein. Das klingt zunächst gut. Doch bei ihrem ersten Besuch wurden die nichtsahnenden Nachwuchsjournalisten vom taz-Betreuer als Erstes zu der NGO »Reporter ohne Grenzen« (ROG) geführt, die behauptet, sich weltweit für »Presse- und Meinungsfreiheit« einzusetzen. Tatsächlich wurde die 1985 gegründete Organisation jedoch maßgeblich mit dem Geld des US-Dienstes NED und einiger westlichen Regierungen aufgebaut[12] und agiert politisch einseitig im Interesse dieser Geldgeber[13].

Auf der von ROG jährlich veröffentlichten »Rangliste der Pressefreiheit« werden Mexiko, Honduras und Brasilien, die Länder mit der höchsten Zahl ermordeter Journalisten in Lateinamerika, deshalb als »freier« eingestuft als Kuba. Dort ereignete sich der letzte Mord an einem Medienmitarbeiter 1958, also vor dem Sieg der Revolution. Trotzdem verbreitet ROG, die journalistischen Arbeitsbedingungen seien in Kuba schlechter als in Mexiko, wo allein in den vergangenen sechs Jahren 55 Journalisten getötet wurden.[14] Ein Grund dafür lässt sich erahnen: Der mittlerweile beim neofaschistischen französischen Front National gelandete Gründer und ehemalige ROG-Generalsekretär Robert Ménard hat offen zugegeben, auch von rechten exilkubanischen Contragruppen in Miami Geld erhalten zu haben. ROG und »taz« sind jedoch nur die Spitze des Eisberges. Andere bundesdeutsche Akteure, wie die Konrad-Adenauer-Stiftung der CDU, die FDP-nahe Friedrich-Naumann-Stiftung und die Friedrich-Ebert-Stiftung der SPD geben ebenfalls viel Geld aus, um junge Menschen für einen Systemwechsel in Kuba zu gewinnen.

Aufschlussreich sind die Berichte des Universitäts-
professors Raúl Capote, der sich im Auftrag der kubanischen Staatssicherheit zum Schein von der CIA
hatte anwerben lassen und von 2004 bis 2011 vor-
geblich als deren Agent agierte. Eine seiner Aufgaben
habe darin bestanden, dem US-Geheimdienst geeig-
nete junge Kubaner*innen zu benennen, die in der
»Stunde Null« mobilisiert werden könnten. Der damit
gemeinte »sanfte Aufstand«, so Capote, werde systematisch vorbereitet und sei eine der zentralen Optio-
nen für den gewünschten Umsturz.[15] Neben zweistel-
ligen Millionenbeträgen für Subversionsprogramme
bewilligte das US-Außenministerium im Oktober
2016 weitere 15 Millionen US-Dollar für Aktivitäten – wie die von »World Learning« – für das Folge-
jahr.[16] Dieses Ziel verfolgt auch US-Präsident Donald
Trump mit der gleichen Verbissenheit wie alle seine
Vorgänger. Im Kampf um die Köpfe der Jugend ist den
Gegnern der kubanischen Revolution weiterhin kein
Opfer zu groß. Das Geld lässt sich ja bei Sozialpro-
grammen für erwerbslose Jugendliche in den USA und
Europa einsparen.

1 http://de.granma.cu/cuba/2016-09-30/
 world-learning-die-maske-auf-dem-tisch
2 ebd.
3 Das NED ist eine US-Geldverteilstelle für vorgebliche NGOs,
 die gegen unliebsame Regierungen mobilisieren.
4 http://www.worldlearning.org/who-we-are/bios/
 donald-steinberg/
5 http://de.granma.cu/cuba/2016-09-28/
 zuruckweisung-von-world-learning-geht-weiter

6 http://de.granma.cu/cuba/2016-03-23/
   was-obama-sagt-und-was-er-nicht-sagt
7 https://www.whitehouse.gov/the-press-office/2016/03/22/
   remarks-president-obama-people-cuba
8 http://alongthemalecon.blogspot.de/2016/03/
   new-state-department-program-targets.html
9 Calvo Ospina/Declerq: Originalton Miami, PapyRossa Verlag,
   Köln 2001, S. 233
10 Otpor war eine 1998 vom NED und anderen US-Diensten
   in Serbien geschaffene Bewegung zum Sturz der
   jugoslawischen Regierung unter Präsident Slobodan
   Miloševic. Später wurden Otpor-Aktivisten zur Vorbereitung
   »bunter Revolutionen« auch in anderen Ländern eingesetzt.
11 https://www.theguardian.com/world/2014/dec/11/
   cuban-hip-hop-scene-infiltrated-us-information-youth
12 http://www.hintergrund.de/2007080165/hintergrund/
   medien/mission-desinformation.html
13 http://www.ag-friedensforschung.de/themen/Medien/becker.
   html
14 https://amerika21.de/2016/11/163766/
   amerika-journalisten-morde
15 http://www.cubainformacion.tv/images/revistas/
   cubainformacion35.pdf (S. 12/13)
16 http://alongthemalecon.blogspot.de/2016/10/
   democracy-spending-down-but-controversy.html

STEPHANIE REMUS
Schmelztiegel der Kulturen statt Rassismus

Endlich ist es soweit: Nach jahrelangem Engagement in der Kuba-Solidarität, nach etlichen Gesprächen mit erfahrenen Aktivisten und Kubareisenden und nach der Lektüre zahlreicher Bücher und Zeitungsartikel über die Insel und ihre Bewohner sitze ich zum ersten Mal im Flugzeug nach Kuba. Im Gepäck habe ich nicht nur unzählige Fragen, sondern auch meine Bachelorarbeit zum Thema »Afrikanische Einflüsse im kubanischen Spanisch«. Eine Thematik, die auch immer mit der Frage nach Rassismus einhergeht. Deutschland steckt derzeit in der so genannten Flüchtlingskrise, die rechtspopulistische AfD hat Zulauf und rechte Äußerungen werden 70 Jahre nach dem Ende des Faschismus wieder salonfähig. Aus den USA häufen sich Nachrichten über Polizeigewalt gegen schwarze Mitbürger. Barack Obama, der erste schwarze Präsident der Vereinigten Staaten, erschien in seiner Amtszeit (2009–2017) als eine Mischung aus Sensation und Skandal, während die Nachfahren der nordamerikanischen Ureinwohner bis heute unter der US-amerikanischen Assimilationspolitik leiden.

Auf Kuba angekommen, merke ich schnell, dass mein in dieser Weise geprägtes Verständnis von Rassismus dort so nicht als Erklärungsmuster anzuwenden ist. Das hat verschiedene Gründe: Seit Kubas Unabhängigkeit gibt es keine Einwanderungsbewegung mehr, in deren Folge Migranten als Sklaven oder billige Arbeitskräfte eingesetzt wurden und damit gesellschaftlicher Diskriminierung ausgesetzt waren, wie noch zu spanischer Kolonialzeit. Die Ureinwohner Kubas, die Taíno, wurden schon zu Beginn der spanischen Eroberung durch unmenschliche Arbeitsbedingungen und aus Europa eingeschleppte Krankheiten ausgelöscht. Mit der Ausrottung der Indígenas kam es auf Kuba zu einem gravierenden Arbeitskräftemangel, der ab 1517 durch den Import von schwarzafrikanischen Sklaven gedeckt wurde. Dieser Sklavenhandel sollte 356 Jahre lang bestehen, bis 1873 das letzte Sklavenschiff im Hafen von Havanna registriert wurde. Im Rahmen der Unabhängigkeitsbewegung wurde dann 1886 die Sklaverei auf Kuba abgeschafft. Nach einer Jahrhunderte dauernden Periode der Diskriminierung von Schwarzen, ist es natürlich schwierig, Vorurteile aus den Köpfen der Menschen zu bekommen. Doch Kuba – das scheint mir wichtig – war nach seiner Unabhängigkeit kein imperialistisches Land, welches andere Völker ausgebeutet hätte. Im Gegenteil, Kuba war und ist seit dem Sieg der Revolution am 1. Januar 1959 ein internationalistisches und solidarisches Land, das immer auf Augenhöhe kommuniziert. Im Austausch für materielle Leistungen aus anderen Ländern werden häufig Lehrer und Ärzte dorthin geschickt. Es herrscht ein reges Geben und Nehmen, aber niemals einseitiges Ausnutzen. In vielen »armen« Ländern sind kubanische Mediziner, Pädagogen und Spezialisten auch ohne materielle Gegenleistung tätig. Schon in seiner berühmten Rede »Die Geschichte wird mich freisprechen« sagte Fidel Castro, Kuba würde seine lateinamerikanischen Brüder niemals Verfolgung, Hunger und

Verrat aussetzen, sondern großzügiges Asyl, Brüderlichkeit und Hilfe bieten. Aber trifft diese Außenpolitik auch auf Kubas Innenpolitik zu?

Vorurteile, Diskriminierung, Rassismus: Kann es das in einem sozialistischen Land, in dem alle die gleichen Chancen haben, überhaupt noch geben? Natürlich, meine ich. Kein Land, keine Nation, kein Volk und keine Kultur kann sich davon freisprechen. Die wichtigeren Fragen sind daher: Welche Auswirkung hat das für die betroffenen Menschen, größtenteils sind es Afrokubaner, und wie wird dagegen vorgegangen? Ein entscheidender Schritt und eine wichtige Errungenschaft der Revolution ist hier wohl das Antirassismus-Gesetz. Gesetzlich ist es verboten, Menschen wegen ihrer Hautfarbe, Herkunft oder Kultur in jedweder Weise zu diskriminieren. Bis zur Verabschiedung dieses Gesetzes war es auf Kuba üblich, Schwarze und Weiße im öffentlichen Raum zu trennen. Es gab getrennte Strände und getrennte Toiletten; Restaurants konnten Schwarzen den Zutritt verwehren. Diese schlichte Trennung in Schwarz und Weiß konnte auf Dauer aber schon deshalb nicht aufrecht erhalten werden, weil sich nicht nur die Kulturen vermischten, sondern – trotz der Rassentrennung – immer mehr gemischte Paare Kinder bekamen, die weder »nur weiß« noch rein schwarzer Hautfarbe waren.

Stolz auf die afrikanischen Wurzeln

Auf Kuba erzählt man mir, dass heute in jedem Kubaner wenigstens ein Tropfen afrikanisches Blut fließt.
Die Vermischung von Kulturen geschieht nie ohne An-
passung, Verlust und Entwurzelung oder auch Neuent-
stehungen. Ein solcher Prozess wurde von dem kubanischen Wissenschaftler Fernando Ortiz Fernández
(1881–1969), dem wohl bekanntesten Ethnologen der
Insel, als so genannte »Transkulturation« definiert.
»Transkulturation« meint im Gegensatz zum US-ame-
rikanisch geprägten Begriff »Akkulturation« nicht nur
den Zusammenprall von Kulturen, bei dem sich die
eine Kultur der anderen anpasst und sie über- oder an-
nimmt. Darüber hinaus beschreibt sie auch den damit
einhergehenden Verlust seiner eigenen Kultur und die
Erschaffung neuer kultureller Phänomene. Auf Kuba
kann ich diese Erscheinung am eindrucksvollsten in der
Ausübung der afrokubanischen Religionen bemerken.
Die schwarzafrikanischen Sklaven kamen damals zwar
aus einem vergleichsweise kleinen Gebiet Afrikas, dennoch brachten sie vielfältige Kulturen, Sprachen und
Religionen mit nach Kuba. In der spanischen Kolonie
trafen die afrikanischen Religionen auf das Christen-
tum. Es entstand ein Synkretismus, der die heute bekanntesten afrokubanischen Religionen Regla de Ocha
oder Santería, Reglas Congas und die Sociedad Secreta
Abakua hervorbrachte. Häufig wird während der Ri-
ten auch noch die jeweilige afrikanische Sprache gesprochen. In einem Gespräch mit dem kubanischen
Linguisten Sergio Valdés Bernal erfahre ich, dass viele
afrikanischstämmige Kubaner wieder zurück zu ihren
Wurzeln wollen und dann oft enttäuscht werden, weil

ihre auf Kuba entwickelte afrikanische Kultur der ihrer Vorfahren und Verwandten in Afrika kaum noch ähnelt. Die Aufarbeitung der afrokubanischen Kultur und ihre Akzeptanz als fester Bestandteil der kubanischen Kultur findet noch gar nicht so lange statt. Die afrokubanischen Religionen waren auch nach der Revolution noch lange Zeit verpönt. Heute gehören sie zum Alltagsbild.

Afrokubaner sind stolz auf ihre Kultur, sie haben etwas an sich, was sie herausstechen lässt. Gleichzeitig, und das ist das Faszinierende, sind sie einfach Kubaner unter Kubanern. Zu den Kubanern zählen außerdem Menschen chinesischer, arabisch-berberischer und jüdischer Abstammung. Aber niemand muss sich aufgrund seiner Herkunft auf Kuba Ausgrenzung, Verfolgung oder gar Gewalt ausgesetzt sehen. Weder gibt es ausländerfeindliche Demonstrationen noch werden Häuser von Afrokubanern angezündet, so wie hierzulande Flüchtlingsunterkünfte. Ein unterschwelliger Rassismus zeigt sich auf Kuba oftmals nur in Worten. Das, was Menschen sagen. Meist erscheint es beiläufig und unreflektiert, eben als Ergebnis jahrhundertealter Vorurteile. »Ich mag Alt-Havanna nicht so gerne. Da sind mir zu viele Schwarze« oder »Du bist übers Ohr gehauen worden? Das war bestimmt ein Schwarzer« sind Sätze, die ich mir auf meiner Kubareise gelegentlich anhören darf. Auch erzählt mir ein afrokubanischer Freund, dass Schwarze immer noch häufiger in Polizeikontrollen geraten. Diskriminierend? Ja! Rassistisch? Ich weiß es nicht. Ich frage ganz bewusst und direkt Freunde auf Kuba, aber auch fremde Menschen, die ich am Malecón kennen lerne, ob sie denken, dass es Rassismus auf Kuba gibt. Die Antworten sind eindeutig und bezeichnend: Weiße verneinen meine Frage, Schwarze bejahen sie. Ein Afrokubaner fügt hinzu, dass der Rassismus innerhalb der schwarzen Bevölkerung manchmal sogar noch schlimmer sei.

Gelernt habe ich aus dieser Erfahrung, dass ich nicht mein eigenes Verständnis von Rassismus und meine westlich geprägten Werte eins zu eins auf Kuba übertragen kann. Der Rassismus auf Kuba ist ein anderer als hierzulande oder in den USA, er ist sogar ein anderer als in vielen lateinamerikanischen und karibischen Ländern. Daher möchte ich mir auch kein endgültiges Urteil über einen Rassismus auf Kuba erlauben. Vor allem nicht, da ich selbst weiß bin. Was man tun kann und muss – und ich denke, die Kubaner sind da schon auf einem guten Weg – ist, die Wahrnehmung und Empfindung von Afrokubanern ernst zu nehmen. Solange sie sagen, es gäbe Rassismus auf Kuba, darf man nicht aufhören, gegen jede Form der Diskriminierung anzukämpfen. Das Afrokubanische ist ein wichtiges Kulturgut des kubanischen Volkes, das wertgeschätzt werden muss. Fernando Ortiz Fernández drückte es meiner Ansicht nach treffend mit dem Satz aus: »Sin el negro Cuba no sería Cuba« (Ohne die Schwarzen wäre Kuba nicht Kuba).

MICHAEL HOFMANN

Migration – kein kubanisches Phänomen

Europäische und US-amerikanische Medien berichten regelmäßig über »kubanische Flüchtlinge«, die ihr Land angeblich deswegen verlassen, weil es dort keine Freiheit für sie gäbe. Beleuchtet man die Gründe der kubanischen Emigration jedoch näher, wird deutlich, dass die Motive der Emigranten meist anderer Natur sind.

Zunächst einige Fakten: Rund elf Prozent der kubanischen Bevölkerung leben mittlerweile im Ausland. In anderen südamerikanischen Ländern ist diese Zahl zum Teil sogar höher. So sind ganze 23 Prozent der Bevölkerung von El Salvador ausgewandert. Auch 13 Prozent aller Dominikaner*innen und zwölf Prozent der Mexikaner*innen leben im Ausland. Sogar in reichen Industrieländern finden sich ähnlich hohe Emigrationsraten. Zum Beispiel residieren auch 7,5 Prozent aller Schweizer*innen im Ausland.[1] Kuba hat also keine auffällig höhere Emigrationsrate als viele andere Länder. Allgemein ist jedoch zu beobachten, dass Menschen aus den Ländern des Südens verstärkt in die Industrieländer des Nordens emigrieren. Ihre Motive dabei sind unterschiedlich. Häufige Fluchtursachen sind Kriege, Verfolgung, Armut, oder Vertreibung. Die meisten Menschen emigrieren oder fliehen in der Erwartung auf ein besseres oder sichereres Leben.

Wer mit ausreisewilligen Kubaner*innen redet, hört häufig ähnliche Motive: Viele möchten reisen, die eigene Familie im Ausland besuchen oder erhoffen sich, dort eine Menge Geld zu verdienen, um damit – das ist ein häufig genannter Grund – auch die eigene Familie in Kuba unterstützen zu können. Da die Löhne in Kuba aus verschiedenen Gründen vergleichsweise gering sind, scheint es für viele Kubaner*innen sehr reizvoll zu sein, im Ausland ihr Glück zu versuchen.

Bei mehr als dreißig in Kuba oder der Schweiz lebenden ausreisewilligen Kubaner*innen, die ich im Zuge meiner Recherchen befragt habe, wurde kein einziges Mal das »Fehlen von Freiheit«, oder sonstige in den Medien vielfach kommunizierten politische Gründe als Motiv für die Ausreise erwähnt. Dies wird auch durch die Tatsache bestätigt, dass viele Kubaner*innen nach der gelungenen »Flucht« in die USA schon bald einen Flug zurück nach Kuba buchen, um ihre Verwandten zu besuchen. Ein Beleg dafür, dass sie weder Repressalien, noch sonstige Verfolgung in Kuba erwarten.

Warum sollten sie auch mit Verfolgung rechnen? Seit Anfang 2013 können alle Kubaner*innen uneingeschränkt reisen, wohin und wann sie wollen – ohne dabei ihre Rechte in Kuba auf kostenlose medizinische Versorgung oder Bildung, staatlich subventionierte Lebensmittel, das eigene Haus oder das Wahlrecht zu verlieren. Wer mindestens alle zwei Jahre nach Kuba zurückkehrt, behält diese Privilegien auf unbegrenzte Zeit weiter. Viele nutzen diese Möglichkeit, um im Ausland Geld zu verdienen.

Jedoch erweist sich ein Leben ohne den uneingeschränkten und meist völlig kostenlosen Zugang zu Kultur, Sport, Gesundheit und Bildung für viele

Kubaner*innen auf Dauer als nicht akzeptabel. Viele Kubaner*innen erzählten mir, dass sie auch mit der Gefühlskälte in den kapitalistischen Ländern auf Dauer nicht klarkommen. Während in Kuba ein solidarisches Miteinander vorherrscht und die Menschen sich gegenseitig unterstützen, erlebt man in kapitalistischen Ländern oft das Gegenteil: Eine Gesellschaft geprägt von Egoismus und häufig auch rassistischer Ausgrenzung.

Einige Gesprächspartner*innen erzählten, dass sie sich wünschen, dass ihre Kinder in einem Land aufwachsen, wo Eltern sich keine Sorge um deren Sicherheit machen müssten. Vor allem in den USA, jedoch auch in Europa, ist das Gewaltpotenzial um ein vielfaches höher als in Kuba. Chicago hatte im Jahr 2016 eine Mordrate von 28,2 auf 100.000 Einwohner*innen, während Morde in Kuba, insbesondere mit Schusswaffen, sehr selten sind. Obwohl keine offiziellen Statistiken existieren, gehen die Vereinten Nationen in Havanna von ca. 6,3 Morden pro 100.000 Einwohner*innen aus. Zudem finden Kubaner*innen im Ausland trotz guter Ausbildung vielfach nur Beschäftigungen im Niedriglohnsektor. Das Gehalt einer Reinigungskraft oder eines Hilfsarbeiters reicht jedoch meist kaum aus, um alle Ausgaben zu decken.

Das seit 2013 geltende kubanische Reisegesetz hindert Kubaner*innen weder an der Ausreise, noch an einer Wiedereinreise. Einschränkungen der Reisefreiheit werden für sie lediglich durch die Zielländer, meist reiche Industrienationen, verursacht. Viele dieser Länder stellen für Menschen aus ärmeren Ländern prinzipiell keine Visa aus. Das macht es auch Kubaner*innen praktisch unmöglich, legal auszureisen.

Anteil der Bevölkerung, die im Ausland lebt

Kuba: 11,8%

Mexiko: 12%

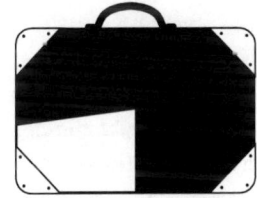

El Salvador 23%

Schweiz: 7,5%

Domenikanische
Republik 13%

Quelle: OECD (2015), Connecting with Emigrants: A Global Profile of
Diasporas 2015, OECD Publishing, Paris.

Was bleibt ist die illegale Aus- und Einreise

Am Beispiel der USA wird besonders deutlich, wie das Thema Migration als politische Waffe gegen Kuba genutzt wird. So gibt es seit 2006 das unter Präsident George W. Bush eingeführte Programm »Cuban Medical Professional Parole«, mit dem kubanisches Fachpersonal aus dem medizinischen Bereich direkt abgeworben werden soll. Kubanische Gesundheitsfachkräfte, die im Ausland arbeiten und in Krisengebieten Solidaritätseinsätze leisten, erhalten damit einen privilegierten Status in den USA. Kubanischen Ärzt*innen werden ein gut bezahlter Job in einem US-amerikanischen Krankenhaus und sogar ein Haus in Aussicht gestellt. Dieser sogenannte Brain Drain beeinträchtigt einerseits Kubas Möglichkeiten bei internationalen Krisen möglichst schnell und unbürokratisch einen Beitrag zu leisten, anderseits verursacht er immense wirtschaftliche Schäden. Die Ausbildung von medizinischem Personal ist für Kubaner*innen zwar gratis, den Staat kostet diese Investition jedoch einen hohen Anteil seines Bruttoinlandsprodukts.

Auch für alle anderen Kubaner*innen, die nicht von diesem Programm profitieren können, werden Anreize geschaffen, ihr Land – notfalls auch auf illegalen Wegen – zu verlassen. Am 2. November 1966, rund acht Jahre nach der erfolgreichen Revolution, wurde von der US-Regierung der »Cuban Adjustment Act« erlassen. Damit werden Kubaner, die illegal aus Kuba in die USA einreisen, nicht nur nicht abgeschoben, sondern erhalten alle Voraussetzungen, um sich privilegiert in die Gesellschaft integrieren zu können: Eine Wohnung für mindestens ein Jahr, ein monatliches Taschengeld und vereinfachter Zugang zu Arbeit gehören dazu. Sie werden mit solchen Anreizen animiert, ihr Land illegal zu verlassen. Mit dem automatisch gewährten politischen Asyl werden Kubaner*innen gegenüber allen anderen Migranten schon zu Beginn bevorzugt. Nach einem Jahr erhalten sie dann die uneingeschränkte Aufenthaltsbewilligung oder auf Wunsch sogar die US-Staatsangehörigkeit. Damit ist es für Kubaner*innen einfacher, an die begehrte Greencard zu kommen, als für jeden Menschen einer anderen Nation der Erde. Das führt unter anderem dazu, dass auf dem Schwarzmarkt gefälschte kubanische Pässe für tausende US-Dollar gehandelt werden.

Die kubanische Regierung sieht in dem »Cuban Adjustment Act« eine Provokation und die indirekte Aufforderung zur illegalen und oft lebensgefährlichen Emigration seiner Staatsbürger*innen. Durch die in diesem Gesetz verankerte, auch»Wet Foot, Dry Foot« genannte Politik, können kubanische Emigranten nicht einfach und sicher mit einem Direktflug aus Kuba in die USA emigrieren, sondern müssen ihr Leben riskieren, um illegal über andere lateinamerikanische Länder mit Hilfe von Schleppern in die USA einzureisen oder gar per selbstgebautem Boot eine Überfahrt zu wagen. Sie müssen das Festland erreichen, ohne vorher aufgegriffen zu werden. Das Ziel dieses Gesetzes ist kein Geheimnis. Ein Großteil der Bevölkerung soll so dem sozialistischen Kuba den Rücken kehren. Durch die »Wet Foot, Dry Foot Policy« sind zudem dramatische Propaganda-Bilder garantiert. Trotz rekordverdächtigem 50-jährigem Bestehen führte auch dieses Gesetz jedoch nicht zu dem von Washington erhofften Zusammenbruch der sozialistischen Gesellschaft in Kuba.

In den USA versucht man die so angelockten kubanischen Exilant*innen nach ihrer Ankunft häufig für politische Zwecke zu benutzen. Die Anzahl der »Flüchtlinge« – so wird immer wieder kolportiert – sei ein Beweis für das Scheitern des sozialistischen Systems. Dabei blendet man bewusst aus, dass Millionen Menschen aufgrund von Armut aus nicht industrialisierten kapitalistischen Ländern fliehen.

An US-Kampagnen wie »Todos Marchamos« (Wir alle marschieren) bei der in Miami und New York regelmäßig Demonstrationen gegen die kubanische Regierung organisiert werden, beteiligen sich jeweils nicht mehr als eine Handvoll Teilnehmer*innen, obwohl Hunderttausende Kubaner*innen in den USA leben und die Kampagne sowohl in den sozialen Medien als auch in spanischsprachigen US-Fernsehsendern wie »Univision23« oder dem von den USA subventionierten, gegen die kubanische Regierung aufgebauten Propaganda-Sender »TV Martí« dafür geworben wird. Nur noch wenige Hardliner in Miami möchten heute die Kubanische Revolution noch mit Gewalt stürzen. Viele Exilkubaner*innen sehen Kuba als ihre Heimat und sind eher solidarisch. Umfragen unter Exilkubaner*innen in Miami haben zum Beispiel gezeigt, dass mittlerweile eine Mehrheit die Annäherung und das Ende der US-Blockade befürworten. Ich erinnere mich an meine Begegnung mit einem jungen Exilkubaner, der zu mir sagte: »Kuba ist kein reiches Land wie die Schweiz oder die USA und wird auch nicht durch einen Regime-Change zu einem werden. Das ist der Grund, warum ich gegen einen Umsturz bin, denn egal wie man es dreht und wendet, einem Großteil der Menschen in Kuba, würde es nach einer kapitalistischen Konterrevolution sowohl finanziell, als auch sozial viel schlechter gehen.«

Auch mit diesem Beispiel bestätigte sich meine bisherigen Erfahrungen sowohl mit ausreisewilligen Kubaner*innen in Kuba, also auch mit bereits ausgereisten Kubaner*innen. Alle wünschen sich mehr Wohlstand für sich und ihre Familien. Ihnen geht es nicht um Unfreiheit, Repression oder sonstige politische Verfolgung, wie es die großen Medien in den USA und Europa vielfach behaupten. Auch die Annäherung der USA und Europas an Kuba wird mehrheitlich begrüßt und nur sehr wenige exilkubanische Republikaner*innen aus den USA und einige von ihnen finanzierte »Dissident*innen« in Kuba kritisieren diese politische Entwicklung. Die Welt nähert sich Kuba an und es gilt zu hoffen, dass die westlichen Regierungen beginnen, die Entscheidung der kubanischen Bevölkerung für ihre Gesellschaftsform zu akzeptieren. Der Westen sollte Kuba endlich ohne Einmischung die Wahl lassen, sein gesellschaftliches und politisches System unabhängig und souverän selbst zu bestimmen.

1 nach Angaben der OECD aus 2010/2011:
http://www.oecd-ilibrary.org/social-issues-migration-health/
connecting-with-emigrants_9789264239845-en ; zul.
abgerufen 20.4.2017

Schicke Autos und bröckelnder Putz

»Retro« ist schon lange voll im Trend: Jeder will sie, die auf alt gemachten Klamotten, bei denen das Kleidungsstück so aussehen soll, als sei es aus den 60er-, 70er- oder 80er-Jahren, Möbel, die aussehen sollen wie aus dem letzten Jahrhundert, alte Kameras und Schreibmaschinen, schnieke Altbauwohnungen mit bestenfalls ein bisschen bröckelndem Stuck und aufwendig reparierte Oldtimer.

Es wirkt fast so, als ob uns alles wieder gefällt, was einmal war. Die Romantisierung des Alten ist dabei schon längst von der Werbeindustrie aufgegriffen worden: Aufwendig werden nun Designs aus den 50ern und 60ern auf hochmoderne Produkte übertragen. Wer solche Möbel oder Kleidung kauft, zeigt sich als individuell und trendy. Komisch eigentlich, aber warum fahren wir so auf das Design ab, welches unsere Großeltern noch aus ihrer Jugend kennen? Alles nur ein großer Werbetrick?

Jein: Man spielt hier mit unseren Gefühlen. Zum einen gibt es da die Nostalgie, also »die Erinnerung an die Vergangenheit, wie sie niemals war«. Wir meinen uns an Tage zu erinnern, an denen das Leben noch leichter gewesen wäre, die Welt sich noch nicht so schnell drehte … Wir sehnen uns zurück, aber eben nur an das Schöne, denn das Negative wird schnell ausgeblendet. Die Gegenwart mit all ihren Herausforderungen, Beschleunigungen und sozialen Unsicherheiten macht uns Angst. Wir sehnen uns zurück nach einer vermeintlich einfacheren, langsameren und gesicherten Vergangenheit, auch im Urlaub.

Kuba – eine »Insel der Vergangenheit«?

Touristentraum im Alltag ein Alptraum

Über diese kleine sozialistische Insel gibt es viele Klischees: Sonne, Strand, Rum, ein entspannter Lebensstil, aber eben auch alte US-amerikanische Straßenkreuzer und bröckelnde Fassaden einst prächtiger Häuser. Was viele Tourist*innen in Kuba sehen wollen, ist der »morbide Charme« der prächtigen kolonialen Altstadt Havannas. Ganz besonders zieht es die Touristen nach Habana Vieja, dem ältesten Teil der Stadt, der noch im 16. Jahrhundert errichtet worden ist. Dort faszinieren die schönen Fassaden der alten Gebäude, die seit 1982 UNESCO-Weltkulturerbe sind. Doch die Fassaden bröckelten weiter: Nach der Revolution standen zuallererst sozialer Wohnungsbau am Stadtrand und Ausbau der Infrastruktur zur Verbesserung der Lebensqualität auf dem Programm. Eine aufwendige Sanierung des Stucks an vielen Gebäuden hat man – zunächst – nicht für nötig gehalten, da es wichtigere Probleme zu behandeln gab, als die Ästhetik des heutigen Tourist*innenzentrums.

Doch genau das schreckt die Touristen*innen nicht ab, sie wollen die alten Fassaden sehen, am besten noch mit einem der alten Chevrolets fahren, die noch aus der Zeit vor der Revolution stammen. Kubaner*innen wissen natürlich was den »Yumas« (ein umgangssprachliches Wort für US-Amerikaner und zunehmend auch für andere Ausländer) gefällt. So werden Spritztouren

in einem auf Hochglanz polierten US-Oldtimer angeboten. Man selbst sitzt dann bequem in einem dieser
Autos, zahlt seine 60 CUC und denkt, dass bestimmt
alle Kubaner*innen sich daran erfreuen, diese alten
Autos noch hier zu haben, für die man in Deutschland
ein halbes Vermögen hinblättern müsste. Was Tourist*innen zu sehen bekommen, sind natürlich nur die
tollen Chevys, die längst einen neuen Motor und eine
frische Lackierung bekommen haben. Aber so sieht die
Realität nicht für alle aus. Kubaner*innen, die ihr Geld
nicht damit verdienen, wohlhabende Tourist*innen
durch die Gegend zu kutschieren, können sich eine
entsprechende Restaurierung nicht leisten. Sie fahren
oft mit ebensolchen alten Autos, die oft so schlecht in
Schuss sind, dass man sich fragen kann, ob die Brem-
sen überhaupt noch funktionieren. Nicht selten gibt
es Szenen, in denen alle Insassen eines dieser Linien-
Taxis, die auch für viele Kubaner*innen erschwinglich
sind, kurz aussteigen um es zusammen anzuschieben,
damit der Motor wieder in Gang kommt.

Dann entpuppt sich die alte Technik schnell als Fluch.
»Ladas sind gute Autos, sie sind einfach zu reparie-
ren und es gibt genügend Ersatzteile«, sagte Miguel
einst zu mir. Der Taxifahrer aus Vedado ist zufrieden mit seinem russischen Boliden, aber er kennt die
Geschichten der Kollegen. »Mit den alten US-Kisten
hat man heutzutage nur noch Ärger. Am liebsten hätte
ich jedoch einen Neuwagen.« Miguel steht mit seinem Wunsch nicht alleine da. Autos gelten in Kuba als
Statussymbol, moderne Autos erst recht. Auch wenn
sich die fast keiner leisten kann und die Einfuhr von
Ersatzteilen aufgrund der US-Wirtschaftsblockade für
das Land noch immer schwierig ist.

Zwischen Romantik und Realismus

Ähnlich verhält es sich auch mit den Häusern. In Deutschland gelten Altbauten als wunderbare Wohnhäuser, man erfreut sich an der hohen Decke und vielleicht ist diese sogar ausgestattet mit tollen Stuckornamenten. Aber in Kuba sind nicht alle Altbauten wunderbar saniert. Die Häuser verfügen oftmals nicht über die Standards, die für uns selbstverständlich sind. Schlechte Wasserversorgung wegen häufiger Rohrbrüche und Stromausfälle aufgrund kaputter Kabel sind keine Seltenheit. Und so bevorzugen auch viele Kubaner*innen lieber in den Siedlungen aus moderneren Plattenbauten zu wohnen, in denen die Grundversorgung funktioniert und der Sanierungsbedarf weitaus überschaubarer ist.

Auch wenn es einige Leser nun verblüffen dürfte, aber der Plattenbau, der in Deutschland eher für ein Bild von sozialer Misere steht, ist in anderen Ländern begehrter Wohnraum, der als modern und fortschrittlich wahrgenommen wird. Auch die Tatsache, dass Havannas Altstadt nun UNESCO-Weltkulturerbe ist, bedeutet ebenfalls nicht, dass die Lebensqualität ihrer Bewohner*innen gesteigert wird. Die internationalen Mittel gehen meist in die Sanierung von Gebäuden, die für den Tourismus wichtig sind, wie zum Beispiel das erst 2016 wiedereröffnete Theater Alicia Alonso, welches eines der schönsten Gebäude direkt neben dem weltberühmten Capitolio – einer exakten Kopie des Capitols aus Washington – ist.

Seit 1994 will die kubanische Regierung aber dem Verfall dieser Art von Lebensqualität der 88.000 Bewohner*innen von »La Habana Vieja« entgegenwirken: Mit der Schaffung einer staatlichen Behörde für Renovation und Denkmalschutz, der »Oficina del Historiador de la Ciudad de La Habana« (OHCH), die Tourismuseinnahmen zur Sanierung der Wohngebäude und für soziale Projekte verwendet. Doch das alles geht auch nur schleppend voran, es ist nicht leicht, die maroden Altbauten zu sanieren. Hierfür fehlen oftmals Geldmittel, aber vor allem die Baumaterialien: Viele spezielle Baumaterialien müssen importiert werden, und so leidet auch an dieser Stelle die kubanische Bevölkerung an der Wirtschaftsblockade der USA. Dabei machen es auch die klimatischen Bedingungen der Karibikinsel nicht leichter: Das feuchte Klima und die häufigen Hurrikane zerstören immer wieder die marode Bausubstanz.

Das Alte beeinflusst immer auch unsere Wahrnehmung. Was als vermeintlich »einfach und idyllischer« Lebensstil oder »landestypische Bescheidenheit« wahrgenommen wird, ist oftmals die Folge wirtschaftlicher Unzulänglichkeiten. Schnell neigen Touristen dazu, die Verhältnisse zu romantisieren und schaffen es nicht, ein Verständnis für die realen Probleme der Menschen zu entwickeln. Und dabei sollten wir auch noch so subtile Gedanken, die durch unser ästhetisches Bewusstsein geprägt werden, nicht unterschätzen. Wer hätte schon gedacht, dass eine Vorliebe für Vintage so etwas mit sich ziehen kann? Auf Kuba fehlen etwa 600.000 Wohneinheiten. Jedes Jahr kommen rund 23.000 Neubauten hinzu, davon rund die Hälfte auf staatliche Initiative hin. Auch beim Transport liegen Neuimporte und tatsächlicher Bedarf weit auseinander. Die seit über 50 Jahren anhaltende Wirtschaftsblockade durch die USA ist für das Land dabei keineswegs »idyllisch«, sondern harte Realität. Was gelegentlich als schön und »ursprünglich« verklärt wird, ist in Wirklichkeit oft eine Ursache der täglichen Probleme, mit denen viele Kubaner wohl oder übel zu kämpfen haben.

MAREIKE HAURAND
Arbeiten für alle statt für die Aktionäre

Wer nicht zufällig in einer Familie mit einem großen Erbe aufwächst, wird im Laufe seines Lebens von den Eltern irgendwann einmal den Spruch zu hören bekommen: »Lerne fleißig, du sollst es einmal besser haben«. Spätestens die Einschulung ist der Startschuss für ein Leben in Konkurrenz: mit Mitschülern, unter Kommilitonen und auf dem Arbeitsmarkt. Spätestens dort beginnt der »Ernst des Lebens« und jeder versucht mit guten Noten, Zusatzqualifikationen und herausragenden Leistungen, einen potenziellen Arbeitgeber von sich zu überzeugen. Der eigene Lebenslauf darf keine Lücke aufweisen, am besten hat man schon fünf Praktika absolviert und kann Auslandserfahrungen mit Erwerb einer weiteren Fremdsprache vorweisen. Im besten Fall setzt man sich dann im Bewerbungsverfahren durch und hat die erste Sprosse der Karriereleiter erklommen. Glückwunsch. Im Volksmund heißt es: »Ich lebe nicht um zu arbeiten, sondern arbeite um zu leben« – anderenorts auch um zu überleben. Aber warum muss man arbeiten? Was bedeutet Arbeit eigentlich? Wer profitiert von meiner Arbeit?

Eine Welt von Besitzenden und Abhängigen

Um zu leben, muss man grundlegende Bedürfnisse stillen, das heißt finanzieren. Ein Dach über dem Kopf zu haben, bedeutet Miete zahlen. Um zu essen, muss man einkaufen gehen. Da man schlecht nackt herumlaufen kann, muss Kleidung gekauft werden und um im Winter nicht zu erfrieren, die Heizungs- und Stromrechnung beglichen werden. Dazu kommen Fahr- oder Benzingeld und weitere Posten für Genussmittel, Vergnügungen, sportliche Betätigung und – je nach Naturell – vieles mehr.

Für all das braucht man Geld. Da nun mal die wenigsten von ihren Reserven leben können, ist man gezwungen, seine Arbeitskraft und seine Zeit zu verkaufen. Zwei Gruppen stehen sich gegenüber: Die Besitzer der Produktionsmittel setzen diese dafür ein, dass sich ihr Kapital weiter vermehrt und die Mehrzahl muss sich eben jenen anbieten, um für Arbeit entlohnt zu werden. Karl Marx nannte diese beiden, sich konträr gegenüberstehenden Gruppen »Bourgeoisie« und »Proletariat«. In der heutigen, kapitalistischen Welt haben sich aber die Begriffe »Arbeitgeber« und »Arbeitnehmer« durchgesetzt. Wichtiger wäre es, von den Besitzenden und den Lohnabhängigen zu sprechen. Um aus Geld mehr Geld zu machen, braucht es Menschen, die ihre Arbeitskraft anbieten. Wie das bei uns in der Praxis für die Beschäftigten aussieht kennt jeder: Vom 450-Euro-Job bis hin zur 60-Stunden-Woche. Man muss nicht BWL studiert haben, um zu merken, dass der Lohn nicht das ist, was man mit seiner körperlichen oder geistigen Arbeit erwirtschaftet hat. Nach Abzug von Lohn, Sozialbeiträgen und Steuern ergibt sich für den Arbeitgeber ein Plus, der Mehrwert der geleisteten Arbeit. Dieses Plus, mit stetigem Streben nach Maximierung des Gewinns, baut die Rücklagen aus, wird in den Betrieb reinvestiert, aber auch für den privaten Konsum genutzt.

So funktioniert kurz zusammengefasst das System, in dem wir aufwuchsen und sozialisiert wurden. Der Kapitalismus, von einigen auch Marktwirtschaft genannt, ist nach der Darstellung hiesiger Politiker und Ökonomen »alternativlos«.

Das Gegenmodell dazu, so sagt man uns, sei mit dem Ende der Sowjetunion und der sozialistischen Länder Osteuropas definitiv und endgültig gescheitert. Allerdings gibt es ein paar Flecken auf der Landkarte, die sich dem kapitalistischen Modell widersetzen. Gegenwärtig gelten die Volksrepublik China, Laos, die Demokratische Volksrepublik Korea, Vietnam und Kuba, die größte Insel der Antillen, als sozialistisch. Nach dem Erfolg der Revolution im Jahr 1959 wurden Großgrundbesitzer und Konzerne enteignet, ein Großteil des Landes und der Fabriken verstaatlicht. Seit Anfang der 1960er Jahre dient die Arbeit nicht mehr zur Vermehrung des Kapitals privater »Arbeitgeber«, sondern der Maximierung des materiellen Wohles des ganzen kubanischen Volkes. So waren in der Folge über 90 Prozent der Kubaner im Staatswesen angestellt und hatten – wie in sozialistischen Staaten üblich – ein in der Verfassung garantiertes »Recht auf Arbeit«. Jeder erhielt subventionierte Lebensmittel und andere Güter, einen kostenlosen Zugang zu Bildung, Gesundheit und Freizeitaktivitäten, sowie Transport zu einem symbolischen Selbstkostenteil.

Kubas Gegenmodell vor Herausforderungen

Mit der Spezialperiode und der später begonnenen Aktualisierung des Wirtschaftsmodels, wurde der Privat-
sektor in Kuba nach und nach in einigen Bereichen jedoch wieder eingeführt und ausgebaut. Das Arbeiten
auf eigene Rechnung wurde später auf über 200 Berufs-
gruppen ausgedehnt. In der Folge schieden viele aus
dem staatlichen Sektor aus. Dazu zählten zum Beispiel
Friseure, Inhaber von Restaurants, Cafeterien sowie di-
verse Handwerker- und Dienstleistungsberufe.

In Kuba gibt es (Stand Januar 2017) noch zwei
Währungen. Zum einen den kubanischen Peso
(CUP) und den 2004 eingeführten konvertiblen Peso
(CUC), welcher aber in naher Zukunft abgeschafft
werden soll. Während der CUC 1:1 an den US-Dollar geknüpft ist, entsprechen 24 CUP einem CUC
bzw. US-Dollar. Staatliche Löhne werden in CUP
ausbezahlt, die dann jeder in der CADECA (Wech-
selstube) frei tauschen kann. Der aktuelle staatliche
Durchschnittslohn von umgerechnet etwa 28 Euro
monatlich klingt erst einmal nach sehr wenig, ist aber
nicht vergleichbar mit dem Einkommen in den kapitalistischen Ländern. Noch heute gibt es ein gewis-
ses Maß an Grundversorgung durch die Libreta, wie
die Lebensmittekarte in Kuba genannt wird. Auch
lebensnotwendige Basisdienstleistungen wie Energie,
Wasser, öffentlicher Verkehr, Kultur- und Freizeit-
angebote werden auf symbolische Beträge herunter-
subventioniert und dazu kommt der bereits erwähnte
Anspruch auf kostenlose Bildung und Gesundheits-
sorge. Nur ein kleiner Teil der Bevölkerung muss
Geld für Miete aufbringen, da nach der Revolution

den Bewohnern der Häuser auch die Eigentumsrechte übertragen wurden. Mittlerweile sind über 90 Prozent der kubanischen Bürger Eigentümer ihrer vier Wände.

Doch obwohl der Durchschnittslohn von 2010 bis 2015 um 43 Prozent gestiegen ist, räumte Kubas Präsident Raúl Castro auf dem VII. Kongress der Kommunistischen Partei im April 2016 ein, dass die finanziellen Mittel »weiterhin unzureichend sind, um die grundlegenden Bedürfnisse der kubanischen Familien zu befriedigen«.

Da die Libreta meist nur bis zur Hälfte des Monats reicht und die Einkommen der Kubaner sich noch immer auf einem extrem niedrigen Niveau befinden, sind viele gezwungen, einen Zweitjob auszuüben. Dieser liegt manchmal auch im illegalen oder zumindest in einem Grauzonenbereich. So fährt etwa der Hochschulprofessor nach seinen Vorlesungen noch Taxi und verdient sich so etwas dazu. Oder Studierende verkaufen Internetkarten an den WiFi-Hotspots, die sie für zwei konvertierbare Pesos (CUC) erstehen und für drei CUC weiterverkaufen.

Viele gut ausgebildete Menschen nutzen ihre Qualifikationen nicht, werden durch das schnelle Geschäft in den Tourismussektoren gelockt und arbeiten hier sogar Vollzeit. Exemplarisch dafür steht der häufig angeführte »unbekannte Nuklearphysiker«, der in Havanna als Hotelier tätig ist und damit ein Vielfaches seines staatlichen Lohns verdient. Hier zeigt sich nun die Krux mit dem Tourismus, der auf der einen Seite die so wichtigen Devisen bringt und auf der anderen Seite zu einem Fachkräftemangel führt, da viele ihre Arbeitskraft in jenes Gewerbe stecken. Auch wenn im privaten Sektor Steuern erhoben werden, fließt das meiste Geld dort in private Hände – während die Einnahmen aus dem staatlichem Sektor für das Gesundheits- und Bildungssystem genutzt werden können oder für Lebensmittelimporte, die dann subventioniert und somit unter dem eigentlichem Wert verkauft werden.

Aber auch die »Remesas«, Devisenzahlungen von im Ausland lebenden Verwandten oder Freunden, verstärken dieses Phänomen zunehmend. Schätzungen zu Folge profitieren etwa 20 Prozent der Kubaner davon. Nachfahren der spanischen Einwanderer erhalten im Durchschnitt deutlich häufiger Finanzspritzen aus dem Ausland als die Nachkommen von Sklaven, die über kein Kapital verfügten, mit welchem sie sich beispielsweise in die USA absetzten konnten. Jene verfügen daher auch heute selten über die nötigen Mittel, um beispielsweise eine Casa Particular für Touristen zu eröffnen. So vergrößert sich die Schere zwischen Arm und Reich im sozialistischen Kuba zunehmend.

Für die hiesigen Medien ist damit das Ende der sozialistischen Insel vorprogrammiert. Sie ignorieren dabei jedoch die Maßnahmen der kubanischen Regierung zur Steigerung der Produktivität, die eine Voraussetzung für steigende Einkommen ist. Während bei uns Realeinkommen und Renten sinken, entwickeln sie sich in Kuba seit Jahren positiv. Das geschieht zwar auf der Basis eines sehr niedrigen Ausgangsniveaus, doch der Trend geht – anders als in vielen Ländern Europas – langsam aber beständig nach oben. Die wirtschaftliche Entwicklung des Landes und eine baldige Angleichung der Löhne gelten als

Hauptaufgaben und Herausforderungen der kubanischen Regierung. Ihre Bewältigung ist sicher eine
wichtige Voraussetzung dafür, dass Zustimmung und
Vertrauen der Bevölkerungsmehrheit in die Regierung
erhalten bleiben.

EVA AIGNER

Selbstbewusste Frauen in der Macho-Welt

8. März 2013, Havanna: Ich bin nun seit knapp sechs Wochen in Kuba und fühle mich immer mehr »zu Hause« in dieser Stadt. Ich schnappe mir ein bisschen Kleingeld und laufe hinunter zum Bus, der direkt vor dem Haus hält, in dem ich wohne. Ich möchte ein paar Freunde auf einem Sportplatz treffen, auf dem heute ein Baseball-Match stattfindet. Allerdings komme ich zu spät – der Bus ist restlos überfüllt und ich kann mich unmöglich dazuquetschen, weshalb ich auf den nächsten Bus warten muss.

Als ein älterer Mann an mir vorbeigeht und etwas zu mir sagt, versteh ich anfangs kein Wort und blicke ihn fragend an. Der Mann wiederholt seine Worte: »Feliz día de la mujer!«, lächelt und geht weiter. Ich rufe ihm noch ein »gracias!« hinterher und frage mich, ob ich ihn vielleicht kenne, ob er ein Nachbar ist oder ein Professor an der Uni. Doch wahrscheinlich hat mir gerade ein völlig Fremder einen glücklichen Frauentag gewünscht - und damit ist er an diesem Tag nicht der einzige.

In den nächsten Bus schaffe ich es hinein. Als er sich laut und behäbig in Bewegung setzt, weht eine angenehme Brise durch das offene Fenster, die es erträglich macht, so dicht gedrängt zu stehen. So steige ich irgendwann aus dem Bus und ein Junge in Schuluniform, nicht älter als zehn, hält mir seine Hand hin, um mir die Stufen hinunterzuhelfen. Ebenso macht er dies mit der Schülerin vor und der alten Frau hinter mir. Anfangs hat mich das sehr irritiert. Warum wird mir ein Sitzplatz angeboten, obwohl ich jung und gesund bin? Warum nehmen mir Freunde meine Tasche ab, die doch gar nicht so schwer ist? Wieso zum Teufel lassen sie mich in der Nacht nicht alleine nach Hause fahren? Letzteres war ein häufiges Streitthema, denn ich habe mich in meiner Freiheit stark eingeschränkt gefühlt. Es ist in Havanna – auch nachts – einfach nicht »gefährlich« und ich bin es mein ganzes bisheriges Leben gewohnt gewesen, allein und unabhängig meinen Heimweg anzutreten, wann und von wo auch immer ich will. Irgendwann haben meine kubanischen Freunde es wohl als »ausländische Spinnerei« akzeptiert und die Diskussionen hatten ein Ende. Doch haben sie mir das Versprechen abgerungen, mich telefonisch nochmal zu melden, wenn ich gut zu Hause angekommen bin. Ich habe mich nie an diese »Bemutterung« gewöhnen können und mich stattdessen gefragt, wieso die selbstbewussten, starken und klugen Kubanerinnen diesen Verhaltensmustern im Alltag nicht mehr entgegensetzen. Denn auch wenn hinter diesen Gesten oft die besten Absichten stecken – sie haben ihren Ursprung in der Vorstellung von einem starken und einem schwachen Geschlecht.

Wer sich mit lateinamerikanischen Gesellschaften beschäftigt, kommt am sogenannten »Machismo« nicht vorbei. Die über Jahrhunderte geprägte, gefestigte und ganz bewusst von Kirche und Eroberern vorangetriebene Unterdrückung der Frau durch den Mann ist im Denken beider Geschlechter vorhanden.

Er besagt – und selbiges kennen wir auch aus den Gesellschaften Europas sehr gut – dass die Frau dem Mann grundsätzlich unterstellt ist. Sei es im Bereich der Ausbildung und der Arbeit, im Haushalt und der Kindererziehung, in der Sexualität und der Partnerschaft oder in der Politik. In Österreich wirkt sich dies auf geradezu erschreckende Art und Weise noch immer – und immer stärker – aus: Frauen verdienen deutlich weniger als Männer und sind demnach weit häufiger von Armut betroffen. Ebenso nimmt häusliche Gewalt an Frauen und Kindern wieder zu, zeitgleich werden Einrichtungen, die den Betroffenen Schutz bieten, kaputtgespart und geschlossen – um nur einige Beispiele zu nennen. Aber auch Frauen, die nicht unmittelbar von diesen schlimmsten Auswüchsen des Kapitalismus, gepaart mit Machismo, betroffen sind, erfahren sexistische Diskriminierung fast täglich. So häufig, dass sie von vielen schon als ganz »normal« und nicht mehr als das angesehen werden, was sie sind: eine Herabwürdigung aufgrund des Geschlechts.

Gleiche Rechte nicht nur auf dem Papier

Aber zurück nach Kuba: Den Machismo hat die Revolution geerbt und ihn als »Instrument der Unterdrückung« noch nicht überwinden können. So etwas in den Köpfen der Menschen tief Verankertes zu beseitigen, bedarf mehr als eine Generation Anstrengung. Jedoch sind die Bestrebungen des kubanischen Staates geradezu vorbildhaft – nicht nur für die Region – ich würde meinen: für die ganze Welt.

So gibt es heute in Kuba in keinem einzigen staatlichen Bereich strukturelle Benachteiligung von Frauen. Frauen haben das gleiche Einkommen wie Männer, gleichen Zugang zum Bildungs- und Gesundheitssystem, sind in jedem Berufsfeld tätig, haben Einfluss auf absolut jeden Teil des gemeinschaftlichen Zusammenlebens und stellen einen beinahe gleichen Anteil an politischen Ämtern, nämlich 48,9 Prozent.

Der Frauenanteil der Studierenden an den Universitäten beträgt 62 Prozent und der Anteil an weiblichen Ärzten, Anwälten und Forschern ist im Verhältnis der höchste der Welt. Auch im technischen bzw. naturwissenschaftlichen Bereich hat Kuba eine Frauenquote, die jedes andere Land in den Schatten stellt.

Als Beispiel, wie ernst es der jungen kubanischen Regierung mit der Gleichberechtigung unmittelbar nach dem Sieg der Revolution war, sei die »Föderation der kubanischen Frauen« (FMC) genannt. Diese wurde 1960 als Nichtregierungsorganisation gegründet und vereint heute ca. 3,6 Millionen Kubanerinnen (mehr als 85 Prozent aller Frauen über 14 Jahren) – so eine Interessensvertretung wünsche ich mir auch in meiner Heimat!

Des Weiteren gibt es in Kuba ein im Familienrecht verankertes Gesetz, das als eine Art Moralkodex zu verstehen ist. Es besagt, dass Frau und Mann zu gleichen Teilen verpflichtet sind, sich um Haushaltsführung und Kinderversorgung zu kümmern. Auch wenn in der Realität sicher hunderttausendfach dagegen verstoßen wird, zeigt das Gesetz sehr wohl die Richtung an, die die kubanische, sozialistische Gesellschaft hier geht.

Angekommen am Sportplatz treffe ich Kubaner und Kubanerinnen, die mich sofort umarmen und mich zum Frauentag beglückwünschen. Ich bin fasziniert davon, wie präsent die Bedeutung des heutigen Tages ist. Von meinem besten Freund bekomme ich eine kleine Grußkarte und eine Packung »Mani«, einen Riegel aus Honig und Erdnüssen. Ich bin gerührt und denke daran, ob die Mädchen und Frauen in Österreich auch beschenkt, umarmt und geküsst werden. Doch ich kenne die Antwort: den allermeisten ist nicht einmal bewusst, dass der heutige Tag ein Tag zum Feiern ist oder was er bedeutet. Und die, die es wissen, sind ohnehin diejenigen, die im ganzen restlichen Jahr genauso für Gleichberechtigung und gegen Chauvinismus und Sexismus einstehen.

LORENZ KÜSTNER / KJELL HLAWATY
Queer?
Keine Selbstverständlichkeit

Die Anfänge der Diskriminierung von LGBTs[1] in Kuba
lassen sich nicht konkret auf einen bestimmten Zeitpunkt zurückverfolgen. Fakt ist jedoch, dass 1938 erstmals ein Gesetz erlassen wurde, welches das öffentliche
Auftreten von LGBTs unter Strafe stellte. Somit hatten
diese nun nicht mehr nur mit fehlender Akzeptanz im
Alltag, sondern zudem noch mit staatlicher Repression
zu kämpfen. Dieses Gesetz wurde auch nach dem Sieg
der der Revolution im Jahr 1959 lange Zeit nicht geändert. Die gesellschaftliche Diskriminierung bestand
weiterhin.

1965 wurden sogenannte UMAPs (Unidades Mili-
tares de Ayuda a la Producción), Einheiten des Mili-
tärs zur Unterstützung der Feldarbeit, ins Leben geru-
fen, an welchen sich Schüler, Studenten sowie Mili-
tärs beteiligten, um den Sozialismus aufzubauen. Die
Teilnahme an diesen Einheiten war jedoch für einige
Randgruppen, unter ihnen auch Schwule, obliga-
torisch. Die harte, körperliche Arbeit sollte nicht nur
die dringend benötigten Lebensmittel hervorbrin-
gen, sondern im Falle der homosexuellen Männer zu
einer »Umerziehung« führen, an die man damals noch
glaubte.

Drei Jahre später wurden die UMAPs wieder auf-
gelöst, womit jedoch die institutionelle Diskriminierung nicht beendet wurde. So hieß es beispielsweise
1971 in einem Beschluss des staatlichen Ersten Kon-
gresses zur Bildung und Kultur, dass Homosexualität

eine Krankheit sei, die es zu bekämpfen gelte. Solche staatlichen Beschlüsse waren zu dieser Zeit weltweit nichts Ungewöhnliches: die Weltgesundheitsorganisation beispielsweise hatte Homosexualität bis 1990 als Krankheit eingestuft. Zu den UMAPs sagte der am 25. November 2016 verstorbene Fidel Castro: »Wenn einer verantwortlich ist, dann bin ich es. (...) Es ist wahr, dass ich mich in diesen Momenten nicht um diese Angelegenheit habe kümmern können. (...) Ich ertrank in Arbeit und war befasst mit Krisen, mit Krieg und anderen politischen Fragen.«[2]

Die ersten wesentlichen Verbesserungen für LGBTs waren in Kuba ab 1979 erkennbar. Das immer noch bestehende Verbot von Homosexualität wurde weitestgehend aufgehoben. Sexuelle Handlungen gleichgeschlechtlicher Paare waren nicht länger untersagt. In der BRD – dies nur zum Vergleich – wurde das Gesetz zur Abschaffung der Strafbarkeit von Homosexualität erst 15 Jahre später, nämlich 1994 beschlossen. (Die DDR hingegen hatte den Strafparagrafen 175 bereits 1968 gestrichen.) Ende der 1980er Jahre wurden in Kuba die ersten gesundheitlichen Aufklärungskampagnen für Homosexuelle gestartet und das Gesetz gegen öffentliches Auftreten von Homosexuellen wurde 1987 aufgehoben. Jedoch erst der im Jahre 1993 uraufgeführte, kubanische Film »Fresa y chocolate« (»Erdbeer und Schokolade«), in dem die Freundschaft zwischen einem homo-, und einem heterosexuellen Mann dargestellt wird, führte dazu, das Thema innerhalb der Gesellschaft neu aufzurollen. »Fresa y chocolate« löste eine Welle weiterer Filme, Bücher und Theaterstücke aus, in denen Homosexualität thematisiert wurde. Einen anderen entschei-

Abschaffung der Strafbarkeit von Homosexualität

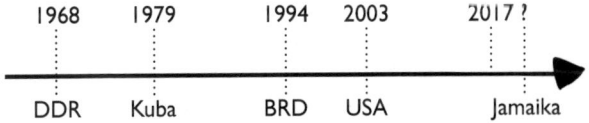

denden Faktor für den Umschwung der kubanischen LGBT-Politik stellt der Zusammenbruch des sozialistischen Blocks 1989/90 dar. Die zu dieser Zeit wichtigsten Herausforderungen für Kuba bestanden darin, den Sozialismus sowie dessen Errungenschaften und die Souveränität des Landes zu erhalten, so Alberto Roque vom »Nationalen Zentrum für sexuelle Aufklärung« (Cenesex)[3]. Dieses gemeinsame Ziel hat die Gesellschaft vereinigt, sie hat es geschafft, die letzten Spaltungslinien zu überwinden und zur realen Integration von Homosexuellen und Transgender beigetragen.

Cenesex steht für einen neuen Kurs

Cenesex entstand im Jahre 1989 im Laufe der sich intensiverenden sexuellen Aufklärung. Mit dieser Einrichtung wurde der LGBT-Bewegung in Kuba ein neues, entscheidendes Fundament geliefert: Eine staatliche Institution mit Rückhalt aus der Regierung. Das Cenesex besteht aus einer Gruppe von Fachleuten, welche Forschungen im Bereich der Sexualität betreiben und zudem Personen unterstützt und versorgt, die auf Grund ihrer Sexualität von sozialer Ausgrenzung und

Diskriminierung betroffen sind. Mit der Wahl Mariela Castros, der Tochter des Staats- und Regierungschefs Raúl Castro, zur Direktorin des Cenesex im Jahre 2001, verschob sich der Fokus des Instituts auf die Arbeit zur Gleichberechtigung sexueller Minderheiten. So begann seit 2007 unter anderem eine Kampagne gegen Homophobie. Zudem veranstaltet die Organisation seitdem jedes Jahr am 17. Mai eine Parade der Schwulen, Lesben und Transgender. Cenesex gibt mehrmals wöchentlich Seminare, sowie Aufklärungsstunden zum Thema Safer Sex und verteilt regelmäßig kostenlos Kondome.

Die Arbeit des Cenesex liegt jedoch nicht nur im Bereich von Bildung und Aufklärung, auch die juristische Ebene stellt einen festen Bestandteil dar. So sind etwa die Forderungen nach rechtlicher Anerkennung von Lebenspartnerschaften im Familiengesetzbuch und nach einem Gesetz zur Geschlechtsidentität Teil des Programms. Die Bildungsarbeit des Staates gegen Homophobie agiert mittlerweile jedoch in einem deutlich weiteren als nur in dem vom Cenesex abgesteckten Rahmen. Medien-, und Bildungseinrichtungen sind die wichtigsten Bereiche, um die Gesellschaft weiterzuentwickeln. Elementare Rollen nehmen daher die Auseinandersetzung in Schule und Studium, sowie die progressive Thematisierung in Fernsehen, Kino, Theater und Zeitung ein. So hat etwa die Tageszeitung mit der zweithöchsten Auflage in Kuba, die »Juventud Rebelde«, eine eigene Rubrik zur Sexualaufklärung, in der versucht wird, Diskriminierung durch Konfrontation und Bildungsarbeit zu bekämpfen. Auch die vom Kommunistischen Jugendverband (UJC) organisierten »Dragqueenpartys« stellen – zumindest in Kubas Queermetropole Santa Clara – keine Seltenheit dar.

In der Legislative fördert die Regierung ebenfalls zunehmend eine progressive LGBT-Politik. Seit einer Resolution des kubanischen Ministeriums für öffentliche Gesundheit (Ministerio de Salud Pública, Minsap) von 2008 sind Geschlechtsumwandlungen in Kuba gratis. Notwendig für all diese Änderungen war eine wachsende Akzeptanz der Regierung gegenüber der Queerszene. Dies manifestierte sich bereits eindrücklich durch das Mandat der transsexuellen Adela Hernández im Parlament. Fidel Castro, entschuldigte sich zudem – wie bereits erwähnt – in der Öffentlichkeit für die Ungerechtigkeiten, die vor allem Homosexuellen in der Vergangenheit entgegengebracht wurden. Homosexualität, stellte er klar, sei ein vollkommen natürlicher und normaler Aspekt der Menschlichkeit.

Der progressive Prozess in der LGBT-Politik hat jedoch noch viele Hürden zu überwinden. Eine der größten besteht im konservativen Bild der Geschlechterrollen, welches sich durch das katholische Familienkonzept und dem immer noch stark in der kubanischen Gesellschaft verwurzelten »machismo« ausdrückt. Trotz alledem können Homo-, und Transsexuelle heutzutage besonders in den Großstädten Kubas ohne Anfeindungen und Diskriminierung durchs Leben schreiten. Sie scheinen oftmals sogar schon eine Art Trendbewegung darzustellen. Die Durchsetzung der homosexuellen Ehe und die gründliche Aufarbeitung der Geschehnisse in den UMAPs – beides Forderungen Mariela Castros – stehen jedoch bis heute noch aus.

1 LGBT: (L)esbian, (G)ay, (B)isexual, sowie (T)ranssexual
2 Zit. n.: Thomas Knecht, »Cuba queer«, CUBA LIBRE 01-2015.
3 »Homophobie ist gegen die Prinzipien der Revolution«.
  Ein Gespräch mit Dr. Alberto Roque Guerra, Mitarbeiter
  des kubanischen Nationalzentrums für sexuelle Aufklärung
  (CENESEX). Unsere Zeit, 13. August 2010.

Die Mühen mit dem Internet

Internationale Medien berichten häufig über die schlechte Verfügbarkeit von Internet-Zugängen in Kuba und nach Darstellung vieler US-Politikinstitute ist das Internet dort in hohem Maße unfrei. In einem von der neoliberalen US-Stiftung »Freedom House« erstellten Index über die Freiheit des Internets wird Kuba mit 84 von 100 Punkten (wobei 0 die bestmögliche Bewertung darstellt) ein schlechtes Zeugnis ausgestellt. Begriffe wie »Zensur«, »Abschottung« und »Gängelung« prägen die Terminologie vieler Medien in Bezug auf die Internetpolitik der kubanischen Regierung. Doch wie ist es auf der Insel tatsächlich um Freiheit und Verfügbarkeit des Internets bestellt?

Trotz gegenteiliger Behauptungen sind Netzwerke und Internet für Kubaner kein Neuland. Die Anfänge reichen zurück bis ins Jahr 1983. Damals wurde die Insel erstmals mit einem internationalen Netzwerk verbunden. Via Satellitenverbindung nach Moskau hing Kuba am dortigen IASnet. Im selben Jahr wurde das kubanische Netzwerkinstitut CENIA aus der Taufe gehoben und 1987 – auf Initiative Fidel Castros – der »Joven Club de Computación y Electrónica« (JCC) gegründet. Die Jugendcomputerclubs sollten zu einer gleichmäßigen Verbreitung von PC- und Internetkenntnissen auf der Insel führen. Zu Beginn hatten sie Einrichtungen in 130 Städten des Landes, heute gibt es gut 600 solcher Clubs. 1992 bekamen 30 der JCCs einen Onlinezugang via Modem, kubanische

Jugendliche erhielten die Möglichkeit, sich kostenlos eine E-Mail-Adresse einzurichten. Das Budget der JCCs betrug über 500.000 US-Dollar pro Jahr.

Bis Mitte der 1990er Jahre entwickelte sich Kuba so zu einem der »führenden Kräfte des Netzwerkens in der Karibik«, bestätigt der US-amerikanische Informatiker Larry Page. Doch die Auswirkungen der US-Blockade machten sich bemerkbar. Kuba wurde der Anschluss an die Unterseekabel in der Karibik verweigert. Die Insel war auf teure Satellitenverbindungen angewiesen, die zudem über geringe Bandbreite verfügten. In der Folge verlor das Land langsam aber sicher den Anschluss an die weltweite Entwicklung. So war die gesamte Up- und Download-Bandbreite Kubas noch im Jahr 2009 vergleichbar mit der einer deutschen Kleinstadt. In den 2000er Jahren konzentrierte das Land sich vor allem auf den Ausbau des eigenen Intranets, das mit dem Wikipedia-ähnlichen »EcuRed« inzwischen über eine eigene Enzyklopädie mit über 100.000 Artikeln verfügt. Der Ausbau des Zugangs zum weltweiten Netz stagnierte jedoch und die hohen Preise von bis zu neun US-Dollar pro Stunde machten das Internet für die meisten Kubaner unerschwinglich und unattraktiv.

Das änderte sich erst 2013, als Kuba mit einem aus Venezuela verlegten Unterseekabel verbunden wurde und damit erstmals die schmalen Satellitenverbindungen durch eine tausendfach höhere Bandbreite ablösen konnte. Wenig später gab die staatliche Telefongesellschaft ETECSA die Eröffnung von mehreren Dutzend WiFi-Netzen bekannt, die Preise wurden auf zwei Dollar pro Stunde gesenkt. Mittlerweile gibt es landesweit mehrere hundert öffentliche WiFi-Hotspots.

Obwohl der Preis von zwei Dollar pro Stunde noch immer extrem teuer ist, zählt das Land heute Millionen Nutzer. Die Regierung erklärte, das Internet sei »ein Recht aller«. Diese Ressource müsse »verfügbar, erreichbar und für alle erschwinglich« gemacht werden, sagte der erste Vizepräsident Miguel Díaz-Canel. Hierzu zähle auch die Einrichtung von privaten Hausanschlüssen, die als Pilotprojekt zunächst in Havannas Altstadt eingerichtet werden. Trotzdem kommt der Ausbau des Internets verhältnismäßig langsam voran. Die Priorität liegt auf gesellschaftlichen Institutionen wie Schulen, Krankenhäusern, Behörden und Universitäten, weniger auf Privatzugängen. Das hat meist praktische Gründe: Neben technischem Know-how fehlen schlichtweg die materiellen Ressourcen, um erschwingliche Heimanschlüsse für die mehr als vier Millionen Haushalte zu garantieren.

US-Blockade und der Zensurvorwurf

Doch wie sieht es mit der Zensur in Kuba aus? Ich habe mir zu diesem Thema – während meines knapp einjährigen Aufenthalts – an verschiedenen WiFi-Hotspots ein eigenes Bild machen können: Während die Website der aus dem Ausland finanzierten Systemgegnerin Yoani Sánchez blockiert war, ließ sich über das staatliche WiFi-Netz auf praktisch jede andere oppositionelle Website zugreifen. Auch gab es keinerlei Schwierigkeiten, internationale Nachrichten abzurufen. Soziale Netzwerke wie Facebook, Twitter und YouTube sowie die ausländischen Websites der BBC, der New York Times, des Economist, der spanischen El País und

Wikipedia waren zu keinem Zeitpunkt blockiert. Such-ergebnisse nach regierungskritischen Inhalten ließen sich ohne Probleme aufrufen und auch zu kritischen Fragen wie »Korruption in Kuba« oder »Gerüchte über die Castro-Familie« konnte recherchiert werden – ausländische Websites, die sich mit diesen kontroversen Themen befassen, waren stets abrufbar. Doch es gibt auch Einschränkungen. Da Pornographie in Kuba ver-boten ist, sind zum Beispiel Websites mit pornographi-schen Inhalten nicht abrufbar.

Während von kubanischer Seite also kaum Inhalte blockiert werden, lässt sich beim Surfen auf der Insel eine andere Beobachtung machen, die Fragen mit Blick auf die USA aufwirft. Sucht man von Kuba aus nach Produkten US-amerikanischer Softwarehersteller, offenbart sich die digitale Dimension der Wirtschafts-blockade. Versucht man beispielsweise einen Treiber von der Seite des Chipherstellers Intel herunterzula-den, erscheint die Fehlermeldung, der gewünschte Service sei »aufgrund von US-Exportbestimmungen« nicht verfügbar. Auch Software aus den Vereinigten Staaten kann aus diesem Grund nicht in Kuba bezo-gen werden. Vom Onlinehandel sind Kubaner kom-plett ausgeschlossen, da PayPal – mit Verweis auf US-Gesetze – ebenfalls blockiert ist. Über eBay dürfen bis heute weder kubanische Produkte vermarktet, noch Waren nach Kuba geliefert werden. Der Einkauf von digitalen Inhalten wird dadurch praktisch unmöglich. Einziger Ausweg ist der Erwerb von im Land zirkulie-renden Raubkopien.

Während die kubanische Regierung bemüht ist, das Internet günstiger und breit verfügbar zu machen, legen die Vereinigten Staaten der Insel noch immer jede Menge Steine in den Weg. US-Technologiegiganten wie Google, Microsoft und Apple können ihre Dienste nur unter starken Einschränkungen anbieten, während andere Hersteller ganz außen vor bleiben. Weder lässt sich von Kuba aus ein MacBook aktualisieren, noch ein Intel-Treiber herunterladen. Mit absurden Gesetzen hindern die USA die wachsende Zahl kubanischer Internetnutzer so an einer normalen Erfahrung im Netz. Von einem »freiem Internet« kann in Kuba aus diesem Grund tatsächlich nicht die Rede sein. Ob die digitale Netzblockade der USA im Ranking des »Freedom House« berücksichtigt wurde, ist fraglich. Für die Mehrzahl der kubanischen Internetnutzer dürften diese Einschränkungen jedoch weitaus schwerer wiegen, als Sperrlisten der eigenen Regierung.

JULIA FUCHS

Weltspitze bei der Nachhaltigkeit

Anlässlich des Weltumwelttages im Juni 2016 erklärte die Koordinatorin der Vereinten Nationen auf Kuba, dass dieses gleichzeitig soziale und ökologische Entwicklungen aufweist, die weltweit einmalig seien.[1] Dies belegt der Nachhaltigkeitsbericht des WWF 2006[2], in dem Kuba das einzige der 147 untersuchten Länder war, das den Kriterien für eine nachhaltige Entwicklung genügte: Die Untersuchung bezog sich auf den ökologischen Fußabdruck eines Landes sowie dessen Wert des Human Development Index, der sich aus Lebenserwartung, Lese-, Schreibfähigkeit und Bildung, umgerechnet auf das Bruttoinlandsprodukt eines Landes berechnet.

Bei meinem Aufenthalt in Kuba fiel mir auf, dass im Haushalt sehr wenig Müll produziert wird, da Waren kaum verpackt sind und Dinge zunächst mehrere Male repariert werden, bevor sie weggeworfen werden. Ich beobachtete wenige Privatwagen und selbst in der Hauptstadt keinen Stau, dafür viele Fahrräder, Elektroroller und Pferdekutschen neben dem öffentlichen Nahverkehr. Gleichzeitig zogen große, schwarze Wolken hinter den Fahrzeugen her und auf den Straßen in Havanna lag häufig Müll. Wie ist dieser Widerspruch zu erklären?

Einen großen Einfluss auf die kubanische Umweltschutzbewegung hatte die Spezialperiode der 90er Jahre. Von jetzt auf nachher brach die Rohöllieferung der Sowjetunion ein und Kuba war gezwungen,

Energie zu sparen, was sich auf alle Lebensbereiche der Bevölkerung auswirkte.

Die kubanische Regierung setzte verschiedene Maßnahmen zur Energieeinsparung in Privathaushalten um: Etwa 10 Millionen Glühbirnen wurden durch Energiesparlampen ersetzt; Kühlschränke, Fernsehgeräte und andere Haushaltsgeräte wurden durch energieeffizientere Geräte ausgetauscht sowie die Strompreise gestaffelt, so dass energiesparende Haushalte günstigere Stromtarife zahlen, als Haushalte, die viel Energie verbrauchen. Dies ging einher mit Aufklärungskampagnen zum Umweltschutz und zur Einsparung von Energie und somit Geld. Gleichzeitig erhielten Menschen mit wenig Einkommen Rabatte auf die neuen Elektrogeräte oder bekamen sie sogar geschenkt. Die Erfolge dieser Energiesparkampagnen dienten anschließend als Vorbild für andere karibische Länder, die von Erdölimporten abhängig sind.[3]

Historisch war Kuba von Zuckerrohrmonokultur und -export geprägt und somit abhängig von Nahrungsmittelimporten, was einer nachhaltigen Landwirtschaft widerspricht.[4] Durch Mangel an chemischen Produkten, Maschinen und Treibstoff ging die Nahrungsmittelproduktion ab der Spezialperiode weiter zurück.[5] In dieser Zeit begann die Ausbreitung der Permakultur[6] sowie die Entstehung der Organopónicos. In diesen innerstädtischen Gärten wird für die anliegenden Stadtbewohner*innen mithilfe von Prinzipien der ökologischen Landwirtschaft Gemüse produziert.

Dem Zwang, Energie einzusparen, folgte mit der Zeit ein tiefer gehendes Verständnis für die Notwendigkeit und Sinnhaftigkeit von Umweltschutzmaßnahmen.

So entwickeln heute 50 Forschungseinrichtungen an den Universitäten resistentere und ertragreichere, an den Klimawandel angepasste Pflanzen sowie biologische Schädlingsbekämpfung. Dies dient einerseits der günstigen Ertragserhöhung aufgrund der Einsparung chemischer Produkte, andererseits werden gesündere und weniger chemisch belastete Lebensmittel produziert.[7]

Im Sommer 2014 wurde der Energiesparplan veröffentlicht, der einen systematischen Ausbau erneuerbarer Energien bis 2030 von 4,6 Prozent auf 24 Prozent vorsieht. Im Fokus stehen Wasserkraft, Solar- und Windenergie, die Strom- und Gasgewinnung aus Restprodukten der Zuckerproduktion sowie Maßnahmen der Energieeffizienz.[8]

2016 wurde ein Plan für die wirtschaftliche und soziale Entwicklung Kubas bis zum Jahre 2030 entwickelt. Der Schutz der natürlichen Ressourcen, der Ökosysteme und der Umwelt nimmt dort eine eigene Kategorie ein. Das Bewusstsein dafür soll durch eine systematische Umweltbildung in der ganzen kubanischen Gesellschaft geschaffen werden. Weiterhin wird eine nachhaltige Landwirtschaft als Mittel zur Selbstversorgung und Lebensmittelsicherheit Kubas angegeben.

Öko-Kampagnen zeigen langsam Wirkung

Jedoch wurden 2013 immer noch 60% aller konsumierten Lebensmittel importiert[9] – obwohl 15 Prozent der landwirtschaftlich nutzbaren Fläche Kubas brachliegen, 42% werden als Weidefläche verwendet[10]. Es gibt viele

Ökologischer Fußabdruck:
Wie viele Planeten bräuchten wir, wenn alle
Menschen so leben würden wie in ...

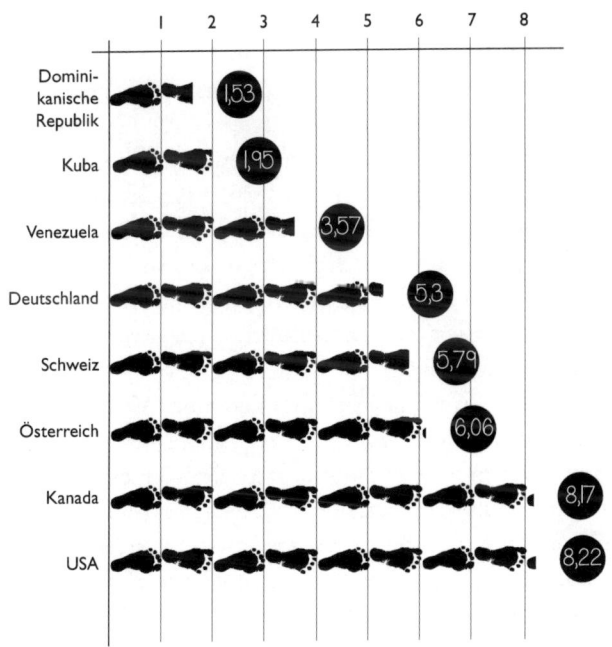

Quelle: Global Footprint Network Report of
National Footprint Accounts, published 2016

Bemühungen und Erfolge im Bereich des Umwelt-
schutzes auf Kuba, jedoch gibt es auch weiterhin viele
bestehende Probleme und einschränkende Faktoren.

Beispielsweise fehlen finanzielle Mittel für eine
funktionierende Müllabfuhr und -verarbeitung sowie
für den Ausbau Erneuerbarer Energien. Manche
Stimmen vertreten die Thesen, dass zunächst Kubas
Wirtschaft gestärkt werden solle, bevor an Ökologie

gedacht werden könne. Sie meinen, dass die meisten Umweltschutzmaßnahmen nur deshalb durchgeführt würden, weil sie Devisen einsparen oder dass sie als Notlösungen verstanden würden anstatt als Innovation. Es wird kritisiert, dass die meisten dieser Maßnahmen nicht aus einem wirklichen Verständnis heraus getan werden. Beispielsweise in der Landwirtschaft kann der Fokus auf eine schnelle Leistungssteigerung, wie es beim geplanten Anbau von genetisch verändertem Mais und Soja 2017 der Fall sein könnte[11], eine nachhaltige, langfristige und ökologisch wertvolle Leistungssteigerung verhindern. Schließlich wird in Frage gestellt, inwiefern ökologische Erfolge in Kuba lediglich an mangelnden Alternativen liegen, z.B. würden sich viele Kubaner*innen lieber mit einem eigenen Auto als mit den öffentlichen Verkehrsmitteln fortbewegen.

Mein Eindruck in Kuba war, dass die Kampagnen zur Umweltbildung Wirkung zeigen. Das Interesse und der Bildungsstand der Bevölkerung zum Thema Ökologie ist sehr groß und im Alltag wird häufig über Umwelt- und Klimaschutz gesprochen. Gleichzeitig beobachtete ich, dass viele Menschen in ihrem Haushalt trotzdem nicht darauf achten, Energie einzusparen, oder Wasser auch in tendenziellen Dürrezeiten ausgiebig laufen lassen.

Mögliche Erklärungen für eine eingeschränkte Bereitschaft zu persönlichem umweltschützendem Verhalten können die schlechte Kommunikation zwischen Entscheidungsträgern und Bevölkerung sein, die ein mangelndes Verständnis für Maßnahmen mit sich bringt sowie eine fehlende Einsicht, individuelle Bedürfnisse dem Umweltschutz unterzuordnen.

Häufig fehlen jedoch schlichtweg die Möglichkeiten für umweltschützendes Verhalten oder es wird durch andere Bedürfnisse torpediert. Wenn eine Person mit einem geringen Gehalt einmal im Jahr ihre Familie am anderen Ende der Insel besuchen möchte, ist die Umweltbilanz des Fahrzeugs nicht das ausschlaggebende Kriterium.

Kuba ist eine karibische Insel, die von den Folgen des Klimawandels betroffen ist, z.B. einem Rückgang der jährlichen Niederschläge oder dem Anstieg von Lufttemperatur und Meeresspiegel.[12] Im Konzept zur ökonomischen und sozialen Entwicklung bis 2030 wurde formuliert, dass die Anpassungsmaßnahmen an den Klimawandel zunächst von größerer Bedeutung seien als Klimaschutzmaßnahmen. International setzt es sich im Sinne der Klimagerechtigkeit für gleichberechtigte Lösungen ein, wobei diejenigen Länder, die historisch mehr zur Umweltbelastung beitrugen, auch mehr Schuld zu begleichen haben.[13]

Obwohl Kuba als ehemalige Kolonie kaum Verantwortung für den Klimawandel trägt, übernimmt es Verantwortung, um die Verursachung von Klimawandel und Umweltschäden zu vermeiden. Dabei wird stets die soziale Dimension nicht aus den Augen gelassen, sondern Regelungen und Maßnahmen bzgl. ihrer sozialen Gerechtigkeit untersucht.

1 Darelia Días Borrero: http://de.granma.cu/cuba/2016-06-06/
anerkennung-fur-errungenschaften-kubas-im-sozialen-und-
okologischen-bereich ; abgerufen am 30.09.2016
2 Nachhaltigkeitsbericht des WWF: Published in Ocotober
2006 by WWF-World Wide Fund For Nature (formerly World
Wildlife Fund), Gland, Switzerland.
3 Entrevista a Ramón Pichs Madruga, subdirector del CIEM,
por la periodista Pamela Suárez Hernández, directora
de Comunicaciones de la ONG chilena Terram, para el
programa radial Efecto Invernadero. In: Cambio Climático:
enfoques desde el Sur. Coordinado por Ramón Pichs
Madruga. Ruth Casa Editoria, Editorial de Ciencias Sociales,
2011.
4 Agroecología: única esperanza para la soberanía
alimentaria y la resiliencia socioecológica. Miguel A. Alltieri
y Clara Nicholls, con contribución de otros miembros
de SOCLA. S. 193-235 in: Economía Verde apuesta de
continuidad del desarrollo desigual y el abuso de los bienes
comunes. Coordinado por Gian Carlos Delgado Ramos. Ruth
Casa Editorial, Editorial de Ciencias Sociales, 2013.
5 https://cubaheute.wordpress.com/2014/09/27/
landwirtschaft-hat-wieder-prioritat-in-kuba/ ; abgerufen am
30.09.2016

6 Mit dem Ziel der Selbstversorgung, der Verbesserung der Bodenfruchtbarkeit, einer sparsamen und effektiven Nutzung von Energie, Wasser und nicht erneuerbarer Rohstoffe sowie eines minimierten Arbeits-, Platz- und Düngereinsatzes soll bei der Permakultur anhand des Verständnisses für natürliche Kreisläufe ein größtmöglich stabiles, flexibles, autonomes, landwirtschafliches Ökosystem aus mehrjährigen oder sich selbst vermehrenden einjährigen Pflanzen und Tierarten entwickelt werden. (Bill Mollison / David Holmgren: Permakultur. Landwirtschaf und Siedlungen in Harmonie mit der Natur. 2. völlig überarbeitete Auflage 1984. pala-verlag gmbh.)

7 Mit Bedacht, aber ohne Pause. Zur Entwicklung in Kuba. Heinz Langer. Verlag Wiljo Heinen, Berlin. 2011.

8 Conceptualización del Modelo Económico y Social Cubano de Desarrollo Socialista. Plan Nacional de Desarrollo Económico y Social hasta 2030: Propuesta de Visión de la Nación, Ejes y Sectores Estratégicos. Congres PCC. 2016

9 https://cubaheute.wordpress.com/2013/11/10/kuba-aktualisiert-seine-landwirtschaftspolitik/ ; abgerufen am 04.01.2017

10 Panorama Uso de la Tierra. Cuba 2014. Edición Mayo de 2015. ONEI Oficina Nacional de Estadística e Información.

11 http://www.granma.cu/ciencia/2016-12-16/cultivos-transgenicos-para-la-sostenibilidad-alimentaria-16-12-2016-21-12-20 ; abgerufen am 04.01.2017

12 http://www.cubadebate.cu/noticias/2016/06/02/nivel-del-mar-en-cuba-se-ha-elevado-en-677-centimetros-segun-expertos/ ; abgerufen am 30.09.2016

13 Entrevista a Ramón Pichs Madruga, subdirector del CIEM, por la periodista Pamela Suárez Hernández, directora de Comunicaciones de la ONG chilena Terram, para el programa radial Efecto Invernadero. In: Cambio Climático: enfoques desde el Sur. Coordinado por Ramón Pichs Madruga. Ruth Casa Editoria, Editorial de Ciencias Sociales, 2011.

Nachwort

Am 25. November 2016 ist Fidel Castro im Alter von 90 Jahren gestorben. Sein Leben lang kämpfte er für die Befreiung Kubas, seit 1953 nicht nur mit Worten, sondern auch mit Waffen und immer mit seinem ganzen Herzen. Sechs Jahre später siegte die kubanische Revolution und das kubanische Volk konnte erstmals in den fast 500 Jahren nach der Kolonialisierung seine Geschicke selbst in die Hand nehmen. Eine Alphabetisierungskampagne lehrte die Bevölkerung Lesen und Schreiben, Kasernen wurden in Krankenhäuser umgebaut und die großen Konzerne mussten Grund und Boden in die Hände der arbeitenden Menschen geben. Kapitalist*innen aus aller Welt bekämpften das Gesellschaftssystem fern von Ausbeutung, Unterdrückung und Fremdbestimmung. Sie bezahlten Söldner*innen, um in Kuba zu intervenieren; unterstützten Terrorist*innen, um Angst und Schrecken auf der Insel zu verbreiten; erfanden Lügen, damit die Ideen der kubanischen Revolution keine weiteren Anhänger*innen finden; sie verhängten die umfassendste und am längsten andauernde Blockade der Weltgeschichte, um Kuba wirtschaftlich zu vernichten und versuchten in unzähligen Anschlägen, Fidel Castro zu ermorden. Doch der kubanische Sozialismus trotzte allen Angriffen. Auch alle Anschläge auf Fidel wurden vereitelt. In Kuba spricht man bewusst von seinem physischem Ableben, nicht von seinem Tod. Denn Fidels Geist des Widerstandes gegen Ausbeutung, Unterdrückung und

Bevormundung lebt weiter, in jedem einzelnen Kubaner und jeder Kubanerin. Hunderttausende versammelten sich während der neuntägigen Staatstrauer, um sein Beispiel zu würdigen. Von allen Straßen und Plätzen Kubas tönte es »Yo soy Fidel!« – »Ich bin Fidel!«. Nicht nur die Kubaner*innen, die Menschen in Lateinamerika, Afrika und Asien, sondern wir alle verdanken dem unermüdlichen Kampf Fidel Castros und der kubanischen Bevölkerung viel – denn bis heute zeigt das Beispiel Kubas Tag für Tag, dass eine Welt jenseits des Kapitalismus möglich ist!

Millionen Menschen in Kuba haben sich nach Fidels physischen Ableben nicht nur in Kondolenzlisten eingetragen, sondern den Schwur zur Revolution, den Fidel am 1. Mai 2000 vorgetragen hat, mit ihren Namen unterzeichnet und bekräftigt.

»Revolution bedeutet, Gespür für den
geschichtlichen Augenblick zu haben;
bedeutet, alles zu ändern, was zu ändern ist;
bedeutet Gleichheit und vollkommene Freiheit;
bedeutet, selbst wie ein Mensch behandelt
zu werden und andere so zu behandeln;
bedeutet, uns aus eigener Kraft selbst zu befreien;
bedeutet, mächtige herrschende Kräfte
herauszufordern, innerhalb und außerhalb unseres
gesellschaftlichen und nationalen Rahmens;
bedeutet, Werte, von denen man überzeugt
ist, um jeden Preis zu verteidigen;
bedeutet Bescheidenheit, Uneigennützigkeit,
Altruismus, Solidarität und Heroismus;
bedeutet, mit Kühnheit, Intelligenz und
Gespür für die Realität zu kämpfen;
bedeutet, weder jemals zu lügen noch
ethische Grundsätze zu verletzen;
bedeutet, zutiefst überzeugt zu sein, dass auf
der Welt keine Macht existiert, die die Kraft der
Wahrheit und der Ideen aufhalten könnte.
Revolution bedeutet Einheit, bedeutet Unabhängigkeit,
bedeutet, für unseren eigenen Traum von
Gerechtigkeit für Kuba und die Welt zu kämpfen,
welcher zugleich die Grundlage unseres
Patriotismus, unseres Sozialismus und
unseres Internationalismus ist.«

Fidel Castro Ruz

Die Autor*innen

Eva Aigner
Geburtsjahr: 1983
Wohnort: Wien, Österreich

Eva hatte im Jahr 2013 die wunderbare Möglichkeit, ein halbes Jahr in Havanna zu verbringen, einen Spanisch-Kurs an der Universität zu absolvieren und ein bisschen in die kubanische Gesellschaft einzutauchen. Tief beeindruckt von der kubanischen Bevölkerung, für die »Solidarität« nicht nur ein Wort ist, ist sie zurückgekehrt und engagiert sich seither in der Österreichisch-Kubanischen Gesellschaft.

Natalie Benelli
Geburtsjahr: 1970
Wohnort: Solothurn, Schweiz

Als freiwillige Aktivistin von Women's Press Collective in New York weiß Natalie um die Lebensbedingungen von Armutsbetroffenen in den USA. Im Jahr 2013 reiste sie nach Kuba, im März 2014 berichtete sie aus London über die Internationale Untersuchungskommission zum Fall der Cuban 5. Sie organisierte die US-Tournee von »Die Kraft der Schwachen« mit und veröffentlichte Artikel dazu in europäischen Medien.

Julia Fuchs
Geburtsjahr: 1986

Auf der Suche nach Wegen zu einer sozial gerechten, besseren Welt im Einklang mit der Umwelt landete Julia über Umwege zum Studieren in Kuba. Dort versuchte sie der nachhaltigen Entwicklung dieses Landes, von der sie zuvor schon so viel las, auf die Schliche zu kommen und sich ein eigenes Bild davon zu machen.

Mareike Haurand
Geburtsjahr: 1987
Wohnort: Dortmund, Deutschland

Mareike Haurand hat 2015 und 2016 für zehn Monate in Havanna kubanische Geschichte, Philosophie und Ökonomie studiert und im Proyecto Tamara Bunke vor Ort mitgewirkt.

Volker Hermsdorf
Geburtsjahr: 1951
Wohnort: Hamburg, Deutschland

Seit seiner Jugend träumte Volker davon, einmal nach Kuba zu reisen. Erst nach dem Studium hatte er 1982 genug Geld dafür zusammen. Seitdem reist er jedes Jahr dorthin, hat seit über 20 Jahren eine kubanische Familie, schreibt als Journalist und Buchautor aus und über Kuba. Für ihn ist die Insel ein Beispiel dafür, zu welchen Leistungen Menschen fähig sind, wenn sie auf ihre Kraft vertrauen, ihre Unabhängigkeit und ihre Würde verteidigen.

Michael Hofmann
Geburtsjahr: 1987
Wohnort: Havanna, Kuba

Geboren und aufgewachsen in Luzern, Schweiz wurde Michael in jungen Jahren politisiert und begann in der revolutionären ausserparlamentarischen Linken aktiv zu werden und sich zu organisieren. Der Blick auf Kuba war daher immer präsent. Nach zwei Kubareisen entschied er sich 2013 für einen längeren Aufenthalt in Santiago de Cuba, wo er rund sieben Monate verschiedene Kurse besuchte. Mittlerweile ist er mit einer Kubanerin verheiratet und lebt in Havanna.

Kjell Hlawaty
Geburtsjahr: 1997
Wohnort: Havanna, Kuba / Hamburg, Deutschland

Im Februar 2016 ist Kjell als Teilnehmer am »Proyecto Tamara Bunke« nach Havanna gezogen. Seitdem kommt immer kurz vor seiner geplanten Rückkehr nach Deutschland eine Nachricht bei Freund*innen und Verwandten an, dass sie sich noch etwas gedulden müssen, da er seinen Aufenthalt wieder verlängert habe – Kuba fasziniert und fesselt ihn einfach.

Paula Klattenhoff
Geburtsjahr: 1993
Wohnort: Gießen, Deutschland

Paula hat Kuba nach ihrem ersten Aufenthalt 2013 erst richtig kennenlernen können, als sie für sieben Monate in Havanna studiert hat. Währenddessen berichtete sie auf berichteaushavanna.de über ihre Erfahrungen und gegen die Vorurteile gegenüber Kuba. Nach ihrer Rückkehr hat sie gemeinsam mit anderen jungen Menschen das Proyecto Tamara Bunke gegründet, dass es Jugendlichen ermöglichen soll auf Kuba von Kuba zu lernen und darüber zu berichten.

Kasimira Kolontai
Geburtsjahr: 1997
Wohnort: Erfurt, Deutschland

Durch Kasimiras Interesse am Sozialismus wurde ihr Interesse am politischen System Kubas geweckt. Nur vom Sozialismus zu reden reichte ihr aber nicht mehr, deshalb beschloss sie nach ihrem Abitur am Proyecto Tamara Bunke teilzunehmen, welches ihr die intensive Auseinandersetzung mit der politischen und gesellschaftlichen Situation in Kuba ermöglichte.

Lena Kreymann

Geburtsjahr: 1989
Wohnort: Berlin, Deutschland

Lena ist Journalistin mit dem Schwerpunkt Latein-
amerika. Die Solidaritätsarbeit mit den linken Kräf-
ten des Subkontinents begleitet sie bereits seit ihrer
Schulzeit. Kuba besuchte sie 2013 im Rahmen einer
Solidaritätsbrigade der Sozialistischen Deutschen
Arbeiterjugend, in der sie auch selbst aktiv ist.

Marcel Kunzmann

Geburtsjahr: 1992
Wohnort: Jena, Deutschland

Kuba hat Marcel bereits 2009 und 2012 bereist,
bevor er sich dazu entschlossen hat, zwei Semester in
Havanna zu verbringen, um die Realität vor Ort noch
genauer kennenzulernen. Seit 2012 schreibt er den
Blog Cuba heute.

Lorenz Küstner

Geburtsjahr: 1997
Wohnort: Göttingen, Deutschland

Auf der Suche nach einer gesellschaftlichen Alterna-
tive hat sich Lorenz 2013 dazu entschieden, an einer
Solidaritätsbrigade in dem sozialistischen Karibikstaat
teilzunehmen. Heute studiert er in Havanna politische
Ökonomie der Konstruktion des Sozialismus und Psy-
chologie. Nebenbei betreibt er im Rahmen des »Proyecto Tamara Bunke« Solidaritätsarbeit und schreibt
Artikel über Kuba für berichteaushavanna.de.

Stephanie Remus
Geburtsjahr: 1990
Wohnort: Rommerskirchen/Berlin, Deutschland

Stefanie studiert Interdisziplinäre Lateinamerika-
studien im Master an der Freien Universität Berlin.
Seit sie im Jahr 2009 Aleida Guevara, die Tochter Che
Guevaras, kennenlernen durfte, engagiert sie sich in
der Kuba-Solidarität. Seit 2014 ist sie Vorsitzende
des Rommerskirchener/Düsseldorfer Vereins Soli
Cuba e.V. und auch aktiv im Netzwerk Cuba e.V.

Tobias Salin
Geburtsjahr: 1990
Wohnort: Gießen, Deutschland

Im ärmsten Kreis Deutschlands aufgewachsen, waren
die kubanischen Revolutionär*innen schon immer
Tobias' Vorbilder. 2013 nahm er an einer SDAJ-
Solidaritätsbrigade in Kuba teil. Durch sein Studium in Havanna konnte er 7 Monate die Menschen
und das politische System kennen lernen. Gemeinsam mit anderen Jugendlichen startete er den Blog
berichteaushavanna.de und nach seiner Rückkehr
mit der SDAJ und der Freundschaftsgesellschaft
BRD-Kuba das Proyecto Tamara Bunke.

Michael Wögerer
Geburtsjahr: 1981
Wohnort: Wien, Österreich

Ein T-Shirt mit dem Bild von Che Guevara weckte in jungen Jahren Michaels Interesse für das revolutionäre Kuba. 2007 zog es den Studenten der Politikwissenschaften ins ferne Havanna, wo er Philosophie und Geschichte sowie das Leben der Menschen auf der roten Insel studierte. 2011 bis 2015 war er Präsident der Österreichisch-Kubanischen Gesellschaft.

Karl Wolfgang
Geburtsjahr: 1987
Wohnort: Havanna, Kuba

Karl wollte nach einem Auslandssemester in Havanna unbedingt zurück nach Kuba und arbeitet nun seit drei Jahren dort. Er ist als Ingenieur im Außenhandel tätig, wobei er vor allem Technologietransfers für die kubanische Energie- und Wasserwirtschaft begleitet. Von dessen Gründung an ist er in Havanna im Proyecto Tamara Bunke aktiv.

Personen und Themen

Verlagsanschriften:

Verlag Wiljo Heinen	Verlag Wiljo Heinen
Franz-Mehring-Platz 1	Schulstr. 20
10243 Berlin	24860 Böklund

www.gutes-lesen.de

Verlag und Herausgeber*innen bedanken sich bei Marion Leonhardt
für die engagierte und kompetente Unterstützung bei der Korrektur.

Umschlagfoto: Paula Klattenhoff
Fotos: Paula Klattenhoff (7), Tobias Salin (2), Mareike Haurand (1)
Infografiken: Paula Klattenhoff & Tobias Salin
Umschlaggestaltung: Paula Klattenhoff
Gestaltung, Typografie: W. Heinen, www.wiljo.de

Gesetzt aus der Janson Text LT (Text), der Scene Pro (Überschriften)
und der Frutiger LT (Fußnoten), auf dem Umschlag kam die
Century Gothic zum Einsatz.
Gedruckt auf 90g Munken Print Cream 1,5 vol FSC, für den
Umschlag wurde Aurocard 260g verwendet.

Druck und Weiterverarbeitung: Prime Rate Kft., Ungarn
Printed in the EU.

»Kuba im Wandel« hat die
ISBN 978-3-95514-031-1

**Bibliografische Information der
Deutschen Nationalbibliothek**
Die Deutsche Nationalbibliothek verzeichnet diese Publikation in der
Deutschen Nationalbibliografie; detaillierte bibliografische Daten sind
im Internet über http://d-nb.info/ abrufbar.

Bücher haben einen festen Preis! In Deutschland hat der
Gesetzgeber ein Gesetz über die Buchpreisbindung erlassen,
zum Schutz der kulturellen Vielfalt und eines flächendeckenden
Buchhandelsangebotes. So haben Sie die Gewähr, dass Sie dieses
und andere Bücher überall zum selben Preis bekommen. Bei Ihrem
Buchhändler vor Ort, im Internet, beim Verlag. Sie haben die Wahl
und die Sicherheit – und ein Buchhandelsangebot, wie es in vielen
anderen Ländern nicht mehr zu finden ist.

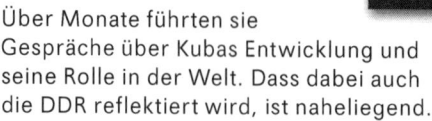